メイ・モリス

May Morris

父ウィリアム・モリスを支え、
ヴィクトリア朝を生きた女性芸術家

大澤麻衣

書肆侃侃房

「フラワーポット」(1880-90年代) モリスのデザインをメイが刺繍した父娘による最初の作品(©The Art Institute of Chicago)

第一部

若い画家たちを魅了したレッド・ハウスとその豊かな庭

第三部

バーン＝ジョーンズとモリスによるハリス・マンチェスター・カレッジ・チャペル（オックスフォード）のステンドグラス。メイがモデルとなっているとされるが、このようなステンドグラスは駆け出しのモリス商会にとって貴重な収入源だった

モリスが愛した館「ケルムスコット・マナー」

ジェーンによる貴重な刺繡カーテン「デイジー」

レッド・ハウスの庭に続く廊下のステンドグラス。モリスのモットーである「Si Je Puis（できるなら）」の文字が描かれるデザインは、建築家ウェッブによるもの

レッド・ハウス2階の「ドローイングルーム」に置かれた立派なセトル。ロセッティはそこに「ダンティス・アモール（現テート美術館所蔵）」という大作を描いた

モリスの代表的な壁紙デザイン「柳の枝」(Willow Boughs, 1874)

ロセッティがジェーンをモデルにして描いた作品「柳」。背景にケルムスコット・マナーがみえる (Water Willow, 1871)

第五部

ジョージ・ハワードによる油絵「ジェニーとメイ」

ラファエル前派のたまり場となっていたブロードウェイ・タワー

ハマースミスの「ケルムスコット・ハウス」

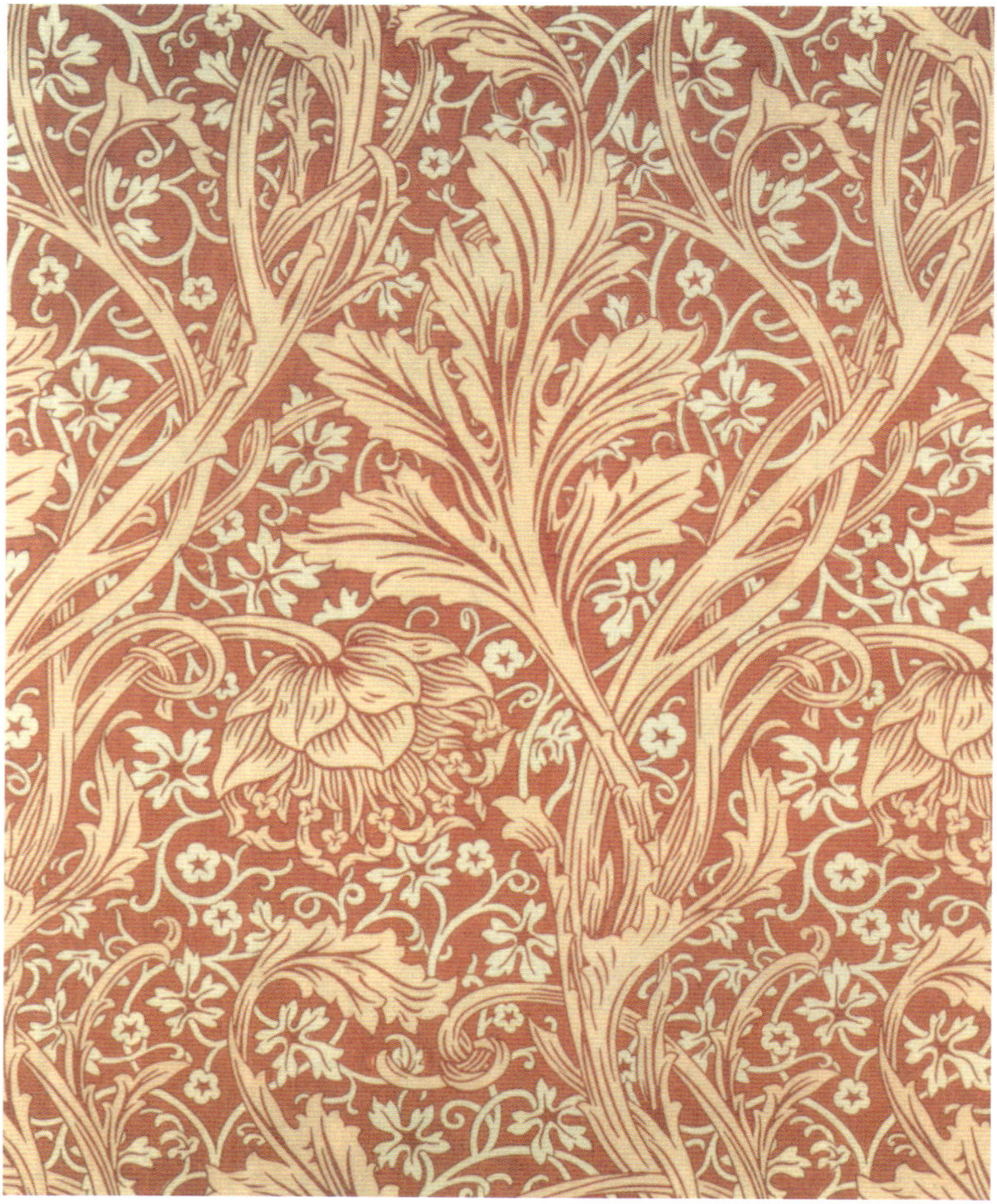

メイによる壁紙デザインのうちの一つ「アルカディア」(Arcadia, 1886)

メイがデザインをしたモリス商会の刺繍作品「ロータス」(Lotus,1888)

「ハニー・サックル」のデザイン画。近年になってメイによる水彩画だということが判明し、それによってメイの存在が明らかになったという貴重な作品
(*Honeysuckle*, May Morris, 1883, pencil and watercolour on paper @The William Morris Society)

ケント州にあるアーツ＆クラフツの邸宅「スタンデン」の外観

マーガレット婦人がモリス商会の刺繡キットを購入して娘たちと2年ほどかけて仕上げた壁掛け「アーティチョーク」。現在は「スタンデン」の北側ベッドルームに飾られている。「アーティチョーク」の刺繡キットは同階級の夫人たちに人気商品であった

エジプトから戻ったメイが制作した「オレンジの木」
(*Orange Tree* embroidery, designed and embroidered by May Morris, coloured silks on linen, 1897
@The William Morris Society)

エケルムスコットの四柱ベッド。カーテン、天蓋飾り、ベッドカバー全ての装飾をメイがデザインし、刺繍部門のリリー、エレン、モウド、メアリー・デ・モーガンの手によって美しく刺繍された。カーテンのデザインはレッドハウスの壁紙「トレリス」を思い起こさせる。ベッドカバーはジェーンによる刺繍であるが、完成したのは残念ながらモリス亡き後であった

メモリアル・コテージ（1902年完成）

メモリアル・コテージにはめこまれたジョージ・ジャックによるレリーフ。マナーの庭にある木の下に座って遠くを見つめるモリスの姿が描かれる

メイとテオドシアによる共同作「メルセッターのカーテン」
(©National Museums Scotland, 1900)

メイはジョージアナと「レッドハウス」を訪れた際、1階の扉ガラスに自身の名前を刻んだ。扉の向こう側にあるのは、残念ながら未完成であるが、モリスによる「ニーベルンゲンの歌」が描かれたセトル

ケルムスコット・マナーの前庭。右側にドラゴンの形に刈られた垣根がみえる

メイは切妻屋根にのぼって「サガ」の世界に登場する化け物になりきった

メイが村のために、そして父の記念碑として建てたメモリアル・ホール。1931年10月20日の開館式にはホールに入りきれないほどの人が集った

ウェスト・ミッドランズ地方のウルヴァーハンプトンにあるウィティック・マナー。国内でも希少なほど多くのアーツ＆クラフツ美術コレクションを有することで知られる。モリスの壁紙やテキスタイル、ラファエル前派の絵画で埋め尽くされる室内はとにかく圧巻

メイは両親や姉と共にケルムスコットの聖ジョージ教会に永眠する

メイ・モリス

父ウィリアム・モリスを支え、ヴィクトリア朝を生きた女性芸術家

プロローグ

数年前、ここイギリスで一冊の古い日記が発見された。表紙は緑色のシルク布で装丁され、そこに「Journal of my visit to Nawarth Castle Vol.1（ナワース城への旅日記第一巻）」とある。銀箔を一つ一つ丁寧に切り取って描かれた文字には、不器用ながらもデザインへのこだわりが強く感じられる。ページを開くと、まえがきにこうあった。

「これはママのために書いているけれど、もしこの小さな物語が私のことを知らない誰かのもとにいったときのため、まずは自己紹介をしておきましょう。私はすごくおてんば娘だけど、ここ（ナワース城）では小さい子の悪いお手本になりたくないから、そんなに悪さはしませんでした。三月二十五日で九歳になります。片付けが苦手でいつも散らかしっぱなし、自分でも恥ずかしいほどいたずらっ子なときもあります。おでこの下あたりで切った髪は軽くカールしています。目は青いです。太ってもいないし、やせてもいません」

そしてこう締めくくられている。

「ここまで自己紹介したのだから、あとは私が可愛いかブサイクかは読者に判断してもらいましょう」

実はこの「おてんば娘」こそが、芸術的才能に恵まれ、アーツ&クラフツの父と言われるウィリアム・モリスの次女、メイ・モリスであった。

メイ・モリスと聞いてすぐにパッとくる人は少ないかもしれない。しかし、私と同じように、彼女がデザインした壁紙に見覚えがある人は多いはずである。

例えば「ハニーサックル」。「モリス商会」のベストセラーとなったこの壁紙はウィリアム・モリスがデザインしたと思われがちだが、近年になって実はメイの代表的デザインだということが判明した。

メイが生まれた一八六二年のイギリスは、産業革命の全盛期である。一八三七年六月二十日、ヴィクトリア女王が十八歳という若さで即位すると、時代はイギリス史上最も繁栄したといわれるヴィクトリア朝へと移り変わっていく。国の経済は急成長し、繊維業や鉄鋼業において機械化が急進。これによって、ありとあらゆる製品の大量生産が可能になっていた。

ウィリアム・モリスは、工場で生産される陳腐な商品が街にあふれかえるというこの時代に辟易していた。そこで「モリス商会」という会社を立ち上げ、中世の時のように手作業で質の良い製品を世に送り出したのだが、そのおかげでメイは、最高級の工芸品と工芸家に囲まれながら育ち、父からはアートとデザインを、母と叔母からは刺繍を学ぶ機会に恵まれた。そして、わずか二十三歳で「モリス商会」の刺繍部門を任せられ、刺繍工芸の世界で最も影響力のある女性となった。

そんな彼女の活躍は、刺繍や壁紙デザインだけにとどまらず後には服飾やジュエリーにまで及んだが、その功績はなぜかあまり知られていない。

それは、父があまりにも偉大すぎた、ということもあるかもしれないが、当時は女性がまだ表立って活躍するような時代ではなかったし、メイの代名詞ともいえる刺繍は芸術というよりも女性の仕事として捉えられ、過小評価されていたからではないか。そのうえ刺繍というものは大変もろく、今でも保存状態のいいままで残る作品が少ないということもあるだろう。

実はメイのように「モリス商会」に貢献した女性は当時でも多くいたのだが、彼女たちにスポットライトがあてられたのは、姉のジェニーとメイに関する伝記が出版された一九八六年になってからのことであった。それから今にいたるまで、姉妹に関する作品や資料が次々と発見されてきている。

先述のメイの日記もそのうちの一つで、ロンドンにある「ウィリアム・モリス・ギャラリー」は日記の発見を機に特別展を開催し、彼女が手がけたジュエリーや水彩画を含む八十点もの作品を一般公開した。これにより、あの自称「おてんば娘」が、実は並外れた才能を持ち、父に負けないほど芯の強い芸術家であったことが明らかにされたのである。

芸術家というだけでなく、教師であり、作家であり、社会運動家でもあったメイ。その活躍はいったいどんなものだったのか。なぜ今になって注目され始めたのか。「メイ・モリス　父ウィリアム・モリスを支え、ヴィクトリア朝を生きた女性芸術家」では、一人の女性アーティストとしてヴィクトリア朝時代を生きた彼女の人生を追った。

目次

第一部

両親の出会い

第1章　はじまりはオックスフォードから

一八五七年八月。オックスフォードの街は賑わっていた。いよいよ「ドゥルリー・レーン」の劇団がロンドンからやってくることになったのである。とはいえ、オックスフォードにはまだロンドンのような立派な劇場はなく、夏季休暇中に学校のホールなどが仮設劇場として使われるような具合だったのだが、国内でも屈指の舞台を観劇できるというのだから人々はいかに高揚したことだろう。

そのような夏の日、劇場に向かう大衆に混じって颯爽と歩く二人の若者がいた。一人は歳の頃三十と思われ、どこかエキゾチックな雰囲気がある。もう一人はやや年下と思えるが、少し落ち着いた感じにみえた。二人にはどこか都会的な洗練さがあり、どうみても大衆劇場には不釣り合いな風貌で一際目立っていた。

その若者とは、ロンドンで活躍する画家、ダンテ・ゲイブリエル・ロセッティと、エドワード・バーン＝ジョーンズであった。二人は人目を気にせずギャラリー席に座ると、民衆でごった返す劇場内を落ち着かない様子で見回しはじめた。

と、そのときである。せわしなかったロセッティの目が一点でとまった。視線の先にあったのは、二人の美しい女性の姿だった。そのうちの一人は、ウェーブがかったボリュームのある黒髪に、はっきりとした顔立ちで、特にエキゾチックな雰囲気を放っていた。そしてどこか憂愁を含む深い瞳も魅力的だった。

実はロセッティとバーン＝ジョーンズは当時、「ラファエル前派兄弟団」という画家集団を結成していた。彼らの信条はなによりも「目の前にある物をリアルに描くこと」である。それは、例えば小説や聖書からのワンシーンを描くにしても、それぞれの場面を実際に作り込むことから始めるのだが、しかしそれにはまず、役者になりきってくれるモデルが必要不可欠だった。この時も二人はちょうど「オックスフォード・ユニオン」という新講堂の壁画『アーサー王伝説』の制作にとりかかっており、そのためのモデルを探している最中であった。

ロセッティにはもう、目の前にいる女性が『アーサー王伝説』に登場する王妃「グィネヴィア」のために生まれてきたようにしか思えなかった。そして、まるで子供のように目を輝かせ、躊躇するところなくその女性に近寄っていった。

彼女の名はジェーン・バーデンといい、妹のベッシーと共に観劇に来ていたところであった。姉妹は、馬の世話係という父と、使用人の母と共に「セント・ヘレンズ・パッセージ」という裏通りの小さなコテージに住んでいた。バーデン家はいわゆる労働者階級で、教育や芸術などとは一切無縁の家庭だった。姉妹も、いずれは母のような使用人になるための指導を受けることしか選択の余地がなかったのである。

そのような家庭で生まれ育った二人が劇場に足を運ぶとは、よっぽど一大イベントだっただろうから、たまたまそこに居合わせたロセッティの目にとまったのは、もう運命としかいいようがないだろう。

しかも、当時一般的に美しいといわれたのは、手足が小さくて華奢な女性であった。一方、ジェーンは長身なうえ、髪もまとまりがなく、それまで誰からも美しいと言われたことがなかった。それなのにこの画家は、やたらと自分を褒めちぎり、モデルになってくれるように説得をしはじめたのである。

何しろロセッティは、言葉を操る天才であり、「ミューズ（女神）」と呼ばれる女性モデルを見つけだすことに長けていた。チャーミングな彼から叙情的な言葉を投げかけられれば、ジェーンでなくても嫌な気はしないだろう。そして、おそらくモデルということがどういうことか完全に理解しないまま、ロセッティの情熱に圧倒されてしまったのではないだろうか。

ジェーンは、まるで魔法にかかったかのようにモデルになることを承知し、後日画家のアトリエを訪ねていった。

ロセッティのアトリエは「オックスフォード・ユニオン」から目と鼻の先、「ジョージ・ストリート十三番」にあった。建物は古く、朽ちかけていて、衛生などとはまるで無縁であったが、天才でどこか常軌を逸しているボヘミアンな画家たちにはぴったりの環境のように思えた。中庭に面してダイニングルームがあり、その反対側のドローイングルームで制作がなされていた。

ジェーンがドローイングルームに注意深く入っていくと、そこには劇場で会ったロセッティとバーン＝ジョーンズの他に、もう一人の男性が立っていた。

その男性はやや太り気味で、口髭をはやし、髪も何だかまとまりがない。それに、どこか無愛想で落ち着きがなく、ロセッティとはまるで対照的であった。これが、ジェーンとウィリアム・モリスの出会いであった。

第2章　ウィリアム・モリス

一八五一年、ヴィクトリア女王の夫、アルバート公が主導した世界初の「万国博覧会」がロンドンで開催された。博覧会は大成功を収め、そのために建てられた巨大な「クリスタル・パレス」は、ヴィクトリア朝という繁栄の時代の象徴となった。イギリスという国はますます繁栄し、街のシルエットも劇的に変化を遂げていた。繊維業や鉄鋼業などの大規模な工場や、そこで働く労働者のための住宅が続々と建てられたのである。

しかし、このような急激な社会変化には論争がつきものである。特にオックスフォードでは、中世の芸術を理想とする評論家ジョン・ラスキンや、詩人アルフレッド・テニスンなどに影響を受けた若い美術家などが集まり、自分たちの理論を訴えはじめた。ロセッティたちによる「ラファエル前派兄弟団」も、そのような時代を背景に誕生した集団であった。

当時、ロセッティとアトリエを共用していたウィリアム・モリスは裕福な実業家の家庭出身で、オックスフォードの大学を卒業後、ジョージ・エドモンド・ストリートのもとで建築家になるための修業をしていた。しかし、ロセッティに「自分のことを叙情的だと感じたら絵を描くべきだ」と言れてからは、ストリートの事務所を離れて画家を志すようになっていた。モリスは「ラファエル前派」ではなかったが、彼らの哲学と技術に共鳴しており「オックスフォード・ユニオン」の壁画にも一人の画家として参加していたのである。

さて、ジェーンのモデルとしてのキャリアは、ロセッティたちのアトリエに一歩足を踏み入れた瞬間から始まっていた。最初は、ほぼロセッティだけのためにポーズをとっていたジェーンであったが、場数を踏みながらモデルというものを理解していくと、彼らのような才能ある画家のためにポーズをとることは光栄なことであると思い始めた。

なんといってもロセッティは、ユーモラスでありながら、礼儀正しく、気配りのできる魅力的な男性だったのである。彼には、相手を特別に思わせて、そこに潜在する魅力を引きだす才能があった。そして、ジェーンの中に潜む情熱的な部分を育むことにも成功していた。

一方のモリスは、そのようなジェーンの様子を遠目から遠慮がちに見守っていた。ロセッティの魔術によって輝きを増した彼女の魅力は、気鋭の美術家たちをますます虜にした。それはモリスも例外ではなかった。モリスは、ロセッティのミューズに劇的な恋をした。

しかし、ジェーンがロセッティに惹かれていたことは、誰の目からみても明らかであった。モリスにとってロセッティは、親友であり師匠でもある。そんな彼に太刀打ちできるわけがない。この恋が茨《いばら》の道を歩んでいくことを、モリスは最初から悟っていた。

実はモリスがこの世に唯一遺したといわれる油絵がある。それは「アーサー王伝説」にでてくるイゾルデを描いた「麗しのイズー（La Belle Iseult）」である。

この絵を描くためにモリスは、部屋の一部に「アーサー王伝説」からのワンシーンを作り込み、ジェーンに衣装をまとわせてモデルとして立たせた。しかしその筆は一向に進まず、意図的に散らかしたベッドは数ヶ月もそのままの状態だったという。

モリスは、絵がうまく描けない自分に悩み、画家としての自分に自信を喪失していた。完成した作品の出来栄えにも不満だった彼は、キャンバスの裏にこう殴り書きをした。

「君を描くことができない。それでも君を愛している」

なかなか思う通りにいかない恋と絵。その両方に対する彼の焦りがにじみ出る、あまりにも切ない言葉である。

ところが、モリスとジェーンはそれから間もなくして、突然婚約を発表した。出会ってからたった一年のことであった。

ジェーンはロセッティを愛していた。しかし、時代はなんといってもヴィクトリア朝である。

ジェーンのような労働階級出身のモデルにとって、裕福なモリスとの結婚は無条件に有難い縁談だった。なにしろ当時、女性の権利は子供とほぼ同じで、選挙権はもちろんのこと、財産や銀行口座を所有する権利もなかったのである。それにロセッティには、六年もの付き合いであるエリザベス・シダル（リジー）という婚約者もいた。

確かにロセッティに比べるとモリスは、多少情熱に欠けていたかもしれないが、同階級の男性にありがちな酒豪でもないし、女性に対して暴力をふるうこともなかった。それどころかモリスには、ジェーンをどうにかしてあげたいという小さな親切心があったようにも思える。

何しろジェーンは、ロセッティなどに散々持ち上げられていながらも「オックスフォード・ユニオン」の壁画が完成すれば、また元の小さなコテージに戻っていくしか道はなかったのである。浮気性なロセッティと比べ、堅実なモリスのプロポーズを断る理由がジェーンにはなかった。

ところが、ロセッティに向けられたジェーンの愛は、結婚してからも消えることはなかった。モリスとジェーンの結婚は皮肉にも、モリスが描いたイゾルデのように複雑で、止め処無いものとなっていった。

第3章　夢と希望の家

一八五八年、「ヴィクトリアン・プレス」という出版社から、イギリスで初めて、女性による女性のための新聞「イングリッシュ・ウーマンズ・ジャーナル」が刊行された。これはヴィクトリア朝の女性にとって、新たな時代の幕開けを意味した。

しかし、そのような時代でありながらも、モリスとの結婚を控えたジェーンには、それまでと変わらず中流階級に嫁ぐための準備が求められた。それはいわゆる社交マナーだけでなく、階級に見合った表現の仕方や、正しい言葉のアクセントを身につけることにまで及んだのだが、そのどれもが、それまでのジェーンにとって全く無縁の慣習であった。

中流階級の女性《レイディー》として、最低限といわれたスキルがもう一つあった。それが針仕事である。ジェーンはもともと腕のよい針子だったようだが、それでも「レイディー」になるための準備期間中にさらに腕を磨いていったようである。この時のトレーニングが、後にモリスが起こした事業の繁栄につながるとは一体誰が想像しただろうか。

ジェーンがこのように花嫁修業に勤しむ間、かたやモリスは、優雅なフランス旅行へと出かけて行った。

実はモリスとフランスの関係は奥深い。というのも、もともとモリスは聖職者になるつもりでいたのだが、学生時代にバーン゠ジョーンズとフランスを旅し、この国の荘厳なゴシック建築に衝撃を受けていた。そして二人は、興奮さめやらぬまま、お互い芸術家になることを誓い合い、すぐさまロセッティの元で絵を習い始めたのである。つまりフランスという国は、モリスにとって、人生の転機を与えてくれた貴重な存在であった。

今回のフランスの旅には、ジョージ・エドモンド・ストリートのもとで共に働いていた建築家フィリップ・ウェッブと、オックスフォード時代からの学友、チャールズ・フォークナーが一緒であった。三人がボートに乗ってセーヌ川をくだっていたある日、突然モリスがあることを相談し始めた。それは、ジェーンと結婚後に住むための新居を建てる計画であった。

モリスには明確なビジョンがあった。中世の手工芸を尊敬していた彼は、産業時代の流れにとにかく反抗したいという願望を持っていた。これから建てる新居も、流行りのデザインや豪華さで競うのではなく、地元の自然建材を使いながら表情豊かなものとし、外装から内装まで「意味のある芸術品」で埋め尽くしたいと考えていたのである。モリスのこの計画は、ちょうど建築家として独立したばかりであったウェッブにとっても魅力的な話だった。

フランスから戻った二人は、早々と行動に移し、ロンドン中心部から二十キロほどの所にある

「ベクスリー・ヒース」の土地に目をつけた。

一八五九年四月二十六日。聖マイケル教会の鐘が鳴り響いた。聖マイケルは「オックスフォード・ユニオン」から目と鼻の先にあり、街で最古ともいわれている素朴な教会である。無事に結婚式を終えたモリスとジェーンが教会から出てくると、出席者がお祝いの言葉をなげかけた。若い二人にとって、新たな人生が始まろうとしている大事な日であった。

しかしその日、モリスの家族の姿は一人とみられなかった。あまりにも階級が違うということで、この結婚を快く思っていなかったのである。そこにロセッティの姿もなく、式に出席したのは、ジェーンの家族とモリスの学友のみで、決して盛大とはいえなかったが、それでもジェーンの父親が花嫁をみおくり、フォークナーがベストマンを勤めあげた。そして二人は、モリスが愛し、彼に影響を与えたヨーロッパ各地を巡る六週間の新婚旅行へとでかけていった。

ジェーンはこのとき弱冠十八歳である。それまで、ロンドンはともかく、イギリスの海岸に行ったことすらなかった。ドーバー海峡も、そこから乗る船も、美しい都パリも、モリスが愛するゴシック建築も、何もかもが初めて見るものだった。そのようなジェーンにとって、モリスの世界観を完全に把握することはまだ無理だったかもしれないが、この新婚旅行が刺激的な旅になったことは間違いないだろう。

二人は新婚旅行から戻ると、ロンドンの「グレート・オーモンド・ストリート」にある一軒を間借りした。そこは「ベクスリー・ヒース」の新居が完成するまでの仮住まいではあったが、すでに使用人を雇っており、ジェーンはこの時から、中流階級の家庭がどういうものかを理解していったようである。

モリスが友人たちに新妻を紹介するようになったのは、ようやくこの頃になってであった。その一人にジョージアナという女性がいた。彼女は、一年後にバーン＝ジョーンズと結婚することとなるのだが、小柄なジョージアナは、大柄なジェーンに特に強烈な印象をうけたようである。二人はこの瞬間から、確かな友情を育んでいくことになった。

とにかくそれまでオックスフォードしか知らなかったジェーンにとって、ロンドンは想像以上に刺激のある街だった。音楽や劇場が常に身近にあるだけでなく、荘厳な「ハンプトン・コート」や「ウェストミンスター僧院」、そして美しい「クリスタル・パレス」や「大英博物館」もすぐ目と鼻の先にある。ジェーンはそのような場所に足繁く通いながら、それまで無縁だった芸術的な教養を身につけていった。

しかしジェーンは、元々ロンドンっ子ではない。ここには女友達が少なく、頼れる家族もいなかった。モリスは相変わらず、アトリエや紳士クラブを渡り歩いて友人にも気楽に会っていたが、中流階級の女性は一人で出歩くことなど許されず、夫からの誘いや紹介に頼らざるをえない。ジョージアナがロンドンにいる時はまだよかったが、それ以外は特に寂しい思いをしただろう。

それから一年後の夏。「ベクスリー・ヒース」に美しい赤煉瓦の建物が現れた。待ちに待ったモリス邸の完成である。

それは、ウェブの師匠であるバターフィールドや、ストリート、ピュージンなどを彷彿とさせる牧師館のような厳かな佇まいの邸宅となり、そのまま「レッド・ハウス（赤い家）」と名付けられた。ウェッブが建材に煉瓦を選んだのは、当時ロンドンで多く使われていた漆喰と比べ、より自然で、より正直な素材だと思えたからである。

モリスとジェーンは、内装が出来上がるのも待たずに「レッド・ハウス」に転がり込むと、そこはすぐにも客人でにぎわっていった。自邸を友人たちに開放することは、常日頃からモリスが切望していたことであった。

「アビー・ウッド駅」に到着した客人たちは、モリスがウェッブに特注した「馬鹿馬鹿しいほど」派手な馬車に乗って「レッド・ハウス」まで四キロの旅を楽しんだ。何といっても彼らはまだ二十代、三十代の若者である。まるで立派な城にでも招待された貴族のような気分で、どんちゃん騒ぎだったのではないだろうか。

「ベクスリー・ヒース」の田舎道を颯爽と走り抜け、やがて赤煉瓦の門をくぐると、目の前にライムやオークの木に囲まれた豊かな果樹園が現れた。愛らしい「レッド・ハウス」は、その向こう側に佇んでいた。モリスとジェーンは、ゴシック風のポーチに立って客人たちを迎え入れた。彼らは「レッド・ハウス」の美しい庭で、球技や音楽に興じて週末を過ごした。誰もが、「レッド・ハウス」という家の温かさと甘い空気に酔いしれていた。

バーン＝ジョーンズがモリスとジェーンを祝福するために描いた15世紀ロマンス伝説「デグレヴァント卿の結婚式」の壁画

第二部

商会のはじまり

第4章　メイの誕生

実のところモリスは、建築家としても画家としても鳴かず飛ばずの自分に落胆していた。だからこそ、全ての希望を「レッド・ハウス」に託していたのかもしれない。そして、この美しい館そのものが、仲間の才能を表現するショーケースになるべきだと思っていたのだろう。

そこでモリスは、そのような仲間と共に協力しあって、室内装飾を完成させることにした。「理想主義」と「革新主義」を掲げる若者であったモリスとウェッブは、機械による冒瀆に挑戦状を叩きつけるために「レッド・ハウス」を建て、美というものを具象化し、人間の価値を示したのである。

その仲間には、バーン゠ジョーンズ夫妻や、ロセッティとその婚約者リジーをはじめ、ロセッティの師匠フォード・マドック・ブラウンなどがいた。家具や金属細工、ガラス製品など、装飾品の全てが彼らによって特別にデザイン、制作された。

デザイナーは家具やステンドグラスなどをデザインし、画家は壁や家具に絵を描いた。女たちは布装飾に刺繡をほどこした。リジーも、ジュエリーボックスをゴシック風に装飾してジェーンに贈った。ジョージアナとジェーンは、刺繍作業の合間をぬっては外へ繰りだして、周辺の散歩を楽しんだ。

その様子はまさに、人々が手工芸に人生を捧げた中世の世界さながらであった。「レッド・ハウス」は彼らにとって、真の伝統を重んじる思想の場であり、住居というよりも哲学そのものだったのである。

作業を続ける中で、ロセッティとリジーは結婚式をあげた。「レッド・ハウス」は喜びと刺激に満ちあふれていた。そしていよいよ完成間近というそのとき、モリス家に大ニュースが駆けめぐった。ジェーンの妊娠がわかったのである。

一八六一年一月十七日。モリス家に生まれた待望の第一子は女の子だった。モリスの一番下の妹にちなんでジェーン・アリス・モリスと名付けられたが、妻のジェーンと区別するためにジェニーとよばれた。「レッド・ハウス」には、相変わらず個性豊かな芸術家たちが所狭しと集っており、さらに住み込みの家政婦や料理人もいたのだから、さぞ賑やかなことだっただろう。

モリスはジェニーの誕生を大っぴらに喜んだりはしなかったが、それでも父として誇りにみえ、洗礼式には「レッド・ハウス」を創りあげた仲間が勢揃いした。彼らはまるで血のつながった兄弟のようで、とてつもなく強い絆で結ばれていた。

実はモリスはこの頃より、「ラファエル前派兄弟団」のような芸術集団を作りたいと考えはじめていた。「レッド・ハウス」の出来映えに自信をつけたモリスはそこで、自分たちの技術と経験を活かして会社を起こそうと考えた。こうして一八六一年四月。インテリア装飾会社「モリス・マーシャル・フォークナー商会」が誕生した。

商会のパートナーには、バーン゠ジョーンズと、ロセッティ、ウェッブ、数学者チャールズ・フォークナー、画家フォード・マドックス・ブラウン、土木技師ピーター・ポール・マーシャルの七人が名を連ねた。モリスは資金の大部分を出資し、フォークナーと共に支配人として経理などを担当した。会社といっても付き合いは今までと同じような調子で、集まってもゴシップ話などをするうちに終わってしまうことがほとんどだったが、真剣にビジネスの話をすることもたまにはあった。

この時がモリスの人生にとって、最高に充実した時期であった。しかしモリス家の幸せは、それだけに止まらなかった。

一八六二年三月二十五日、「ベクスリー・ヒース」に新たな命が誕生した。教会暦によると、三月二十五日は「受胎告知」の日である。この日、天使ガブリエルが降りてきて、キリストを妊娠していると聖母マリアに告げた。そのような「受胎告知」の日に誕生したモリス家の次女は、聖母マリアにちなんでメアリー（マリアの英語読み）と名付けられた。メアリーは、すぐにもメイという愛称で親しまれるようになった。

　この娘が、ヴィクトリア朝という繁栄の時代を駆け抜け、父ウィリアム・モリスを支えながら数々の傑作と功績を世に残したメイ・モリスであった。

ジェーンに抱かれる2歳のメイ
(©William Morris Gallery, London Borough of Waltham Forest,1863)

第5章　モリス・マーシャル・フォークナー商会

庭にはラッパスイセンが咲き乱れ、その間をサクラソウが控えめに顔を出している。夜明け前に鳥が一斉に鳴く現象「ドーンコーラス」がはじまると、コマドリとチフチャフが春の訪れを知らせ始めた。仲間で仕上げてきた「レッド・ハウス」の内装も、ようやく完成しようとしていた。そこに次女の誕生である。「レッド・ハウス」は幸せで満たされていた。

しかしモリスは、新しく加わったこの小さな家族に一喜一憂する暇もなかった。創設したばかりの「モリス・マーシャル・フォークナー商会」のために奔走していたのである。なにしろ、ショールームと制作場を兼ね備えた事務所を「レッド・ライオン・スクエア八番」に構えたばかりでもあった。そこは、クイーン・スクエアにあるフォークナーの自宅に近いこともあり便利であった。

「モリス・マーシャル・フォークナー商会」は、小規模からのスタートであったが、ステンドグラスのための炉を地下に設置してからは、業者だけでなく個人からも注文を受けるようになっていた。そして、家具をはじめ、壁掛けや金属細工品、タイル、壁紙、刺繍など、幅広い商品を取り扱った。

そのどれもが、「レッド・ハウス」を完成させる間に培った技術である。

商会はすぐにも、外部から技術者や少年を雇うまでに成長した。その背景には、当時、全国各地で教会建築の改築が大々的に行われていたこともあるだろう。これも産業革命の恩恵であり、国に経済的なゆとりがある証拠であるが、「モリス・マーシャル・フォークナー商会」もこの時代の流れに乗り遅れることなく、祭壇の前飾りやステンドグラスなど、数多くの教会装飾を手がけた。

例えばグロスタシャー州のセルスリーにある「オール・セインツ教会」のステンドグラスであるが、これは商会にとって初の大型注文となった。このようにステンドグラスは、駆け出しであった商会にとって特に重要な収入源となっていた。


メイが誕生した一八六二年はまた、商会にとって貴重なイベントの年でもあった。第二回「ロンドン万国博覧会」がサウス・ケンジントンで開催されると、モリスは二つの展示ブースを確保して、自社によるタイルや家具、刺繍、ステンドグラスなどを展示した。ステンドグラスは「中世のロマンスや伝説を物語る」作品として、またタイルは、伝統的な「マヨリカ焼き」に近い手法を独自に編みだしたことを売りにしていた。刺繍工芸品に対しても同じようにオリジナルで、リネンから綿、ウール、シルク、ベルベットまで、いかなる素材でも取り扱った。そして、単純な線描から凝ったデザインまで選び分け、人物画や静物画の壁掛けを制作すると宣伝した。

モリスがいずれ芸術家として社会的な知名度をあげることになったのは、この「万国博覧会」がきっかけといっても過言ではないだろう。世の中は産業時代で、「モリス・マーシャル・フォークナー商会」が発表した中世風の作品に対して時代遅れだという酷評もあったが、それにもかかわらず、金メダルを二つ受賞するという偉業をなしとげたのである。特にステンドグラスは、独特の色彩とデザインが高評価された。

博覧会ではまた、ジェーンによる貴重な刺繍カーテン「デイジー」も展示された。しかしジェーンは、メダルを受賞しておきながらも、自分の技術に限界があると感じていた。そして博覧会をきっかけに、ますます刺繍の腕をあげようと努力をしていった。彼女はもう単なるモデルではなかった。モリスや彼の仲間の影響により、芸術的なセンスを養い、技術を追求する立派な刺繍家となっていた。

しかし「モリス・マーシャル・フォークナー商会」の女性にとっては、刺繍よりも大切なことが一つだけあった。それは子供の存在である。ジョージアナには、生まれたばかりの長男フィリップがいたのだが、ジェーンは幼子を二人も抱えながら、そのようなジョージアナのサポートもしていた。それにジェーンには、リジーの問題も重くのしかかっていた。

実はリジーは、六ヶ月前に死産を経験しており、それからというもの、精神的な苦痛からアヘンチンキ中毒になっていた。そして、夫が自分より若いモデルを求めているという妄想に常にかられていた。実際は結婚当初から鬱の傾向があったのだが、その症状は死産を経験した後さらにひどくなっていた。そのため、ロセッティがロンドンを離れる時は「レッド・ハウス」に滞在することが多くなっていたのである。

一八六二年二月十一日。ロセッティがいつもの講演会をすませて帰宅すると、リジーが意識不明の状態で倒れていた。時はすでに遅かった。

リジーの死因は、鎮痛剤であるアヘンチンキの過剰摂取で、自殺ではないかとささやかれた。結局のところ事故か自殺であったか不明だが、どちらにしてもロセッティの家族にとってはスキャンダラスな出来事となってしまった。

ロセッティは、親切で思いやりのある夫だったかもしれない。しかし、リジーを愛することはとうの昔にやめていた。それでもリジーをなくし、心に傷はついていたのだろう。ハイゲート墓地では、まだ世にでていない自身の貴重な詩が書かれた手帖を、リジーの棺とともに埋葬したといわれる。そして、間もなくして、ブラックフライアーズの「チャタム・プレイス十四番」を引き払い、チェルシーのチェイン・ウォークにある「チューダー・ハウス」に移り住んでいった。

「レッド・ハウス」では、モリスの娘たちがますます大きくなっていた。生まれて間もなく亡くなった自分の娘も、生きていたらこのように可愛かったかもしれない。ロセッティは、「チューダー・ハウス」にひきこもり、人生の糧ともいえる社交の場にも、友人が集う「レッド・ハウス」にも、何ヶ月も姿をみせなくなった。

第6章　夢の終わり

一八六〇年代は、モリスの代表作が最も多く誕生した繁栄の時代となった。「ロンドン万国博覧会」で成功を収めたモリスは、その後数年間で、「ヴィクトリア&アルバート博物館」の「グリーン・ダイニンググルーム」と「セント・ジェームズ宮殿」という、二つの大規模な仕事を任されたのである。

特に「グリーン・ダイニンググルーム」は、中世の特質を活かした装飾として最も説得力のある例となった。その名のとおり、青や緑系の色でまとめられた部屋は全体に薄暗い。しかし、そこに草花の模様と金箔で装飾された羽目板が鈍く浮かび上がり、どこか安らぎを与えてくれ、飲食にふさわしい空間となっている。モリスによるこのような色彩と構図は、「ヴィクトリア&アルバート博物館」のようなゴシック・リヴァイヴァル建築に、不思議なほど自然に溶け込んだ。「中世の工芸技術」に関する研究と実験を熱心に重ねてきた努力の成果が、ここにきてようやく表れ始めていた。

しかしモリスが優れていたのは、決してそのデザイン力だけではない。彼はどんなに忙しくとも、製作者とのチームワークを決して軽視せず、製作過程でも細心の注意を払い、商品の完成までしっかりと見届けた。

ところがその完璧さゆえか、やがてモリスは、「レッド・ハウス」からロンドンまでの通勤が重荷に感じるようになっていった。あまりにも忙しかったため、リウマチ熱に悩まされ、病気がちになった。そして、このまま通勤を続けていくことは困難だと思い悩んだ。

そこで、「レッド・ハウス」を増築し、バーン＝ジョーンズの家族と同居することを思いついた。ビジネス・パートナーとしてだけでなく、親友として家族ぐるみの付き合いをしていたバーン＝ジョーンズが移り住み、「レッド・ハウス」を製作所とすれば最高ではないか。ちょうど第三子を妊娠していたジョージアナのためにも、決して悪くはない条件だろう。

そう考えたモリスは、早速ウェッブに増築部分の設計を依頼し、両家に切り開かれた新たな未来を期待して、胸を高鳴らせた。


一八六四年の夏、モリス一家は、バーン＝ジョーンズの家族と、フォークナー、そしてフォークナーの姉妹（ルーシーとケイト）と共に、リトルハンプトンの海辺で休暇を過ごしていた。フォークナー姉妹が家事を取り仕切ってくれたお陰で、ジョージアナもジェーンも、冗談を言い合いながらリラックスした午後のひとときを過ごした。日頃のことをすっかり忘れ、そこに複雑な人間関係もなく、とにかく幸せなひとときだった。子供たちも数えきれないほどの砂城をつくった。「レッド・ハウス」の増築部分の設計図面ももうすぐできあがる。新たな未来がますます楽しみになっていた。

　しかし、運命とは恐ろしいものである。この旅行からロンドンへの帰路で、バーン＝ジョーンズの長男フィリップが猩紅熱《しょうこうねつ》にかかり、身重のジョージアナにうつしてしまったのである。十月に次男クリストファーが誕生したが、彼は悲しいことに三週間しか生きなかった。

　この恐ろしく悲痛な経験は、バーン＝ジョーンズを弱気にさせた。モリスほど裕福ではなく、常に負債におびえていたようなところがあった彼にとって、「レッド・ハウス」の増築計画は、あまりにもリスクが大きすぎた。

　やがてモリスのもとへ、バーン＝ジョーンズから、増築計画を白紙に戻すように乞う手紙が届いた。モリスは彼の気持ちを理解したが、この悲運に涙を流した。

「それでもうちに泊まりにくればいい。部屋は有り余るほどあるし、子供たちを乗せてドライブにいこう。ここでは誰が何をしてもいい」

　まるで自分に言い聞かせるかのような返信を送ったモリスだったが、バーン＝ジョーンズは結局ケンジントンに移り住んでいってしまった。

　さらに悪いことに、モリスが頼りにしていたコーンウォールの鉱山からの投資収入が激減していた。「モリス・マーシャル・フォークナー商会」の利益もほんのわずかだった。モリスは、それまで買い集めた貴重な書巻や絵画を手放したが、それでも状況の解決にはならなかった。そしていよいよ「レッド・ハウス」を売却し、ロンドン市内へ移る決心をした。

断腸の思いだった。「レッド・ハウス」を貸し出すという選択もあったが、仲間たちと過ごした思い出はあまりにも強烈すぎる。そこは我々の聖地であり、他人が足を踏み入れることはどうしてもやり切れなかった。

実はモリスが生涯のうち所有した家は、この「レッド・ハウス」だけである。彼にとって他の建物を財産にするということは、「レッド・ハウス」を裏切ることと同じだった。

一八六五年十一月。この日は珍しく天気が良く、「ベクスリー・ヒース」は黄葉で黄金に輝いていた。モリス一家は最後のドライブへと出かけた。これから「レッド・ハウス」を離れ、ロンドンの「クイーン・スクエア」へと向かうのである。

もう広々とした庭も、うっとりとするような果樹園も、甘い香りも、豪華な馬車も、仲間と過ごす刺激的な週末もない。「レッド・ハウス」での四年は、あまりにも短く、あまりにも儚い夢であった。

第三部

幼少時代

第7章　クイーン・スクエア二十六番

一八六五年、モリスは、それまで製作所として使っていた「レッド・ライオン・スクエア」をたたみ、ロンドンの中心部にあるクイーン・スクエア二十六番の一階にオフィスとショールームを構えた。そして、商会にとって最も重要な収入源であったステンドグラスの着色は、裏庭へと続く渡り廊下で行い、その先にあった舞踏室として建てられた別棟で家具などを製作した。

モリスは、たまに地下貯蔵庫にこもると、布染色の実験をした。また、最上階に初めての織り機を設置し、本格的な絨毯製作にもとりかかった。「レッド・ハウス」を手放したことは辛い決断だったかもしれないが、モリスは長年やりたかった新たな取り組みに前向きだった。

このときジェニーは四歳、メイは三歳である。メイの幼少時代の思い出は、両親と叔母のベッシー、乳母や家事手伝いと七年間住んだこの「クイーン・スクエア二十六番」から始まっている。「クイーン・スクエア二十六番」は、大きな窓と高い天井が特徴の洗練されたタウンハウスである。タウンハウスとは集合住宅の一種だが、当時では上流階級向けの高級住宅のことをいい、明るく広々としていた。家族は上階に住んでいたが、モリスにとってそこは、住居というよりもむしろ製作所であった。

一方、遊び盛りの娘たちにとっては、もう夢のような遊び場でしかなかった。職人たちの前でふざけてはお叱りをうけ、最後には作業場で遊ぶことを禁じられたが、二人の好奇心は誰にも止められなかった。子供たちにとって、あまりにも刺激的なことが多すぎた。

特にメイは、色鮮やかなステンドグラスに衝撃を受けていた。炉から出されたガラスがまるで宝石のように艶やかに輝き、それをつなぎ合わせる鉛が鈍く光る。色と光の不思議な世界が小さなメイの脳裏に焼き付き、作業場のあの独特の匂いは成人してからも決して忘れなかった。

そんなメイにとって、二階にある父のアトリエもまた夢の城であった。部屋の中央には大きなイーゼルが置いてあり、デッサン用のパンや、トレーシングペーパーなどが常に床に散らばっていた。モリスはそこで写本の彩色や、カリグラフィーに専念していた。

父は大きなその手で、小さな筆を器用に操った。息をするだけで飛んでいってしまいそうな金箔を筆の先で拾い上げ、それを米粒のように小さな形に切り取り、一つずつ写本に貼り付けていくのである。それはまるで手品のようだった。普段は不器用で多少せっかちな父が、写本やカリグラフィーに対しては驚くほどの忍耐力を持ち合わせていたのである。メイは、自信に満ちた父の手つきを、目を輝かせながら尊敬の眼差しで眺め続けた。

「クイーン・スクエア二十六番」は「レッド・ハウス」と同じではなかったが、それでも商会のパートナーたちは相変わらずモリスの元に集った。メイとジェニーの姉妹が恵まれていたのは、このような著名な芸術家たちに囲まれて自由奔放に育ったことだろう。深夜、彼らの笑い声に目覚めてしまったメイは、そのまま大人たちのテーブルに参加してしまったこともあった。

また、同じクイーン・スクエアの三十五番に住んでいた商会のパートナーの一人、フォークナーからお茶によばれるときもあった。それはジェニーとメイにとって一つの楽しみとなっていた。というのも、フォークナーの姉妹、ケイトとルーシーは、商会の仕事を自宅で請け負っており、タイルに着色をしていることが多かったのである。長い柄の筆を使って行われる繊細な作業であったが、ジェニーとメイには見物することが許されていた。

実はこのフォークナー姉妹は、技術的にも優れたデザイナーであったが、それを知る人は意外と少ない。ヴィクトリア朝の女性は、たとえ才能があったとしても、結局は裏方的な存在でしかなかったのである。しかし、その時のケイトとルーシーの姿は、後にメイがキャリアを積んでいく上で貴重な手本となったことは間違いないだろう。

このような環境で育ったジェニーとメイである。二人の感性は、知らない間に自然と磨かれていった。母や叔母が刺繍をする傍らで、すでに「やかん摑み」や「ペン用の拭き布」などの小物を作っていたというから、ペンが持てるようになった頃には何かしら絵を描いていたとしても不思議ではない。

さて、イギリスでは今でも階級制度が根強いが、それが最も顕著に表れていたのはこのヴィクトリア朝である。産業革命で格差が広がり、階級もますますはっきりと分かれていった。

モリス家はいわゆる中流階級であるが、一般的な中流階級の家では、父は働きに出て、母は家族と家の面倒をみることが普通であった。女性にはまだ選挙権も財産所有権もなかったうえ、中流階級の女性が働きに出ることは恥とされていたのである。そしてステータスを示すためにも、使用人を雇うのが一般的だった。

そのような家柄に生まれた娘に期待されることは、出来るだけいい縁談を見つけることだけであった。そのためにはガヴァネス（女家庭教師）を雇い、社交界に求められるフランス語をはじめ、ピアノやダンスなどを学び、よい礼儀を身につける教育を受ける必要があった。メイとジェニーも学校へは行かず、ガヴァネスによるホームスクールを受けた。

しかしモリス家では、いわゆる一般的な「淑女のための教育」という慣習にとらわれておらず、特にモリスは「子供たちはお互いに育て合うもの」と言ったほど放任主義で、教育もほぼジェーンに任せっきりであった。ジェーンも厳しくはなかったが、一応は中流階級らしく祖母や叔母に会いに行かせたり、ピアノや刺繍を学ばせたりした。

このように、「クイーン・スクエア二十六番」で天真爛漫な幼少時代を送った娘たちだったが、それと対照的だったのは母のジェーンである。「レッド・ハウス」と、あの楽しかった時間を失って失望したのはモリスだけではなかった。ジェーンは体調を崩し、引き込もりがちになっていった。そして、画家たちを魅了した憂いのある表情は、ますます深く沈んでいった。

確かに「クイーン・スクエア」は「レッド・ハウス」ではないかもしれないが、ここは大都会ロンドンである。コンサートや観劇など、文化に触れる機会は圧倒的に増え、オペラ嫌いのモリスを尻目に、親しくしていたウェッブと観劇にでかけることもできた。娘たちにピアノを習わせることも容易になったし、全体的にみればジェーンの人生は悪くなかったはずである。

しかし夫は、ロセッティのように、情熱的に愛を語るようなことなど一切してくれない。ジェーンからしてみれば、そのようなモリスは無愛想で冷ややかな夫に思えた。それでも結婚を決めたのは、ジェーンのような女性にとって、モリスのような裕福な男性からの求婚は断れるものではなかったからである。

ジェーンは、ロセッティと出会ったオックスフォードでのあの瞬間が一生忘れられずにいた。

第8章　ロセッティとジェーン

ロセッティとジェーンが相思相愛であったことは、誰の目からみても明らかであった。可哀想なのは、モリスとリジーである。

リジーは、ロセッティに見初められたモデルのうちの一人であるが、生前はモデルをしながらも、ロセッティから絵の指導をうけ、ジョン・ラスキンにも「天才だ」とうならせるほど才能を発揮するようになっていた。そして、「ラファエル前派」による展覧会に、女性画家として初めて参加するという偉業をとげていた。しかし、ロセッティとラスキンの両方からコントロールされることを息苦しく感じ、ある日突然、まるで現実から逃げるかのように、ダービシャー州にある保養地マトロックへと向かっていってしまった。

ロセッティもリジーを追いかけてマトロックに行き、そこで六ヶ月を一緒に過ごしたというが、やがて婚約を解消したと豪語して、一人でロンドンに戻ってきた。マトロックで一体何があったかはわからない。しかしリジーは、それからしばらくロンドンには帰って来なかった。

ロセッティは、これを好機と捉えたのか、すぐにオックスフォードへと出かけていった。「オックスフォード・ユニオン」の壁画を完成させるためだったというが、どうもそれは口実のように思える。というのも、そのときロセッティは、ジェーンのもとへ出向いて彼女の素描を描いていたのである。ジェーンの虚ろな表情と豊かな黒髪が繊細に描かれ、まるでジェーンに対するロセッティの愛が一筆一筆に込められているようであった。

これは、モリスがフランスに滞在している間に起きた出来事である。モリスに対する意図的な嫌がらせというわけではなかっただろうが、それでもロセッティのこの行動は決して喜ばしいことではないといえるだろう。ロセッティとジェーンの感情の高ぶりは、この頃から沸々としていた気がしてならない。

しかし、そんなロセッティでさえも、中流階級の紳士らしく、お互いが結婚するまで一度も肉体関係を求めることはしなかったようである。この時も単純に、画家とモデルというフォーマルな関係でしかなかったのかもしれない。実際二人の間にどのような感情があったか知る由もないが、ロセッティは、この素描を持ってロンドンの友人を訪ね歩き、モリスの新妻がいかに絶世の美女かを誇張してまわった。彼にとっても、押さえきれないジェーンへの感情があったのではないだろうか。

このようにお互いに惹かれていながらも、やがて別の人と結婚したジェーンとロセッティであったが、一応二人とも道徳を守る努力はしていたようである。ジェーンも、モリスと結婚してからは、ロセッティのモデルになることを避けていた。「レッド・ハウス」という傑作を共に完成させられたのも、その努力の証だろう。

ところが、もともと脆かった関係は、リジーが急死したことにより、まるで乾いた砂山のように一気に崩れ始めたのである。同時に、それまで燻っていたジェーンの感情も再び揺らぎだしてしまった。

一八六五年のある日。ジェーンは、ロセッティの住むチェルシーの「チューダー・ハウス」へと向かっていた。その表情には、どこか覚悟を決めたような、強い意志がにじみ出ていた。シルクのロングドレスを身にまとった彼女は、特に美しく、いっそう輝いてみえた。そしてこの日を境に、度々「チューダー・ハウス」を訪れるようになった。

ロセッティは、リジーを亡くしてからますますクロラール（鎮静剤）やアルコールに頼るようになっていたが、この頃には画家として十分稼ぐようになっていた。一方のジェーンは、世間ではまだモデルというよりも「ロセッティの友人の妻」としか知られておらず、二人はこっそりと文通を続けながら、お互いの思いを募らせていった。ロセッティの代表作となる「青いシルクドレス」や「ピア・デ・トロメイ」が誕生したのはこの時代である。

そのようなジェーンとロセッティの関係を、モリスが全く気づかないはずがない。彼は一八六八年の終わりまでには、状況を熟知していたようである。

まだ幼かったメイは、当然全てのことを把握していなかっただろうが、モリスが忙しく、あまり家にいなかったことは後になってもはっきりと覚えていた。まるで他人のようで、たまに家に入ってきてはまたすぐ出かけて行くような父だったという。ジェーンが寂しい思いをしたのも無理はないだろう。

それでも娘たちは、父が大好きだった。モリスが家に帰ってくれば走り寄っていき、彼が身につけていた柔らかいシルク製のガウンを嬉しそうに撫でた。


ジェーンとロセッティの関係はやがて、ロンドンでも噂として囁かれるようになった。もともと物静かなモリスのことである。二人の関係に心を痛めていたが、面と向かってジェーンを責め立てることはなかった。それどころか、心気症で病気がちなジェーンを気遣った。六歳のメイは、自分の宝物ならば母を治してくれるかもしれないと思い、大切にしていた人形を母のベッドへ持っていって励ましたこともあった。

しかしモリスの目には、ジェーンが幸せではないことが明らかだった。ジェーンは、夏はロンドンで過ごしたとしても、その後デヴォン州のトーキーにいるモリスの家族のところへ行き、数ヶ月戻らないこともあった。

このときモリスがジェーンに送った手紙は、こう締めくくられていた。

「愛する申し子よ、さようなら。家族によろしく。あなたの最愛のモリスより」

たった一行の言葉だが、ここでもまたモリスの不器用な愛が感じられる。ヴィクトリア朝時代の夫婦が離婚となれば、たとえ合法であっても社会的には大問題であった。モリスもジェーンも、それだけは避けたかった。

お互いに解決策のみつからないまま、なすすべもなく時だけが過ぎていった。

ロセッティによるジェーンの素描

第9章　ケルムスコット・マナー

一八七一年、豪華な「ロイヤル・アルバート・ホール」が完成した。ますます繁栄を続けるこの都会ロンドンに、モリス家とロセッティに関するスキャンダラスな噂がいよいよ広がりはじめていた。

それは、モリスにとって頭痛の種となった。これ以上状況が悪化する前に、何とか手を打たねばならない。そう思ったモリスは、オックスフォードのレッチレイドから約三キロ西へ行ったところにある「ケルムスコット・マナー」という領主館を借用することにした。静かな田舎であれば周りの目を気にしなくて済むし、ゴシップ社会であるロンドンから遠く離れれば、そのうち噂も消えていくだろうと考えたのかもしれないが、驚くのは、そこをロセッティと共同名義で借りたことである。

二人は一応ビジネス・パートナーであったから、表向きには決して不自然にみえなかったかもしれないが、しかし不思議なのは、モリスが借用契約を済ませるやいなや、ジェーンと娘二人、そしてロセッティの四人を残したまま、遥か彼方アイスランドへと旅立ってしまったことである。あまりにも大胆な行動で、理解不能としか思えない。

モリスはロンドンを発つ前に、ジェーン宛ての手紙を一通残した。

「いよいよ旅立つときが来ましたが、貴方がケルムスコットで子供たちと幸せでいられるとわかって私も嬉しいです。子供たちに愛していると伝えてください。それではお元気で、幸せでいてください」

短い手紙だが、そこにはアイスランドに胸を膨らませる気持ちと、妻の幸せを願うモリスの痛切な思いが複雑に入り混じる。


このモリスのアイスランド旅行は、どうも唐突なような気もするが、決して思いつきの計画ではなかった。というのも、オックスフォード時代にモリスは、北欧神話を集めた「サガ」や、ゲルマン民族の神話を題材にした「エッダ」などの詩篇と出会っており、以来その世界に夢中になっていたのである。そのような北欧古典ゆかりの地であるアイスランドは、彼にとって聖地となり、いつか行きたいと機会を狙っていたところであった。

なにしろモリスは、一度興味を持ったことに対して徹底的に研究をする性格である。現地語で書かれた「北欧神話」関連書物を読みはじめるうちに、自ら翻訳したいと考えるようになったほど熱心で、今回の旅行でも、アイスランド語を学ぶという目的を達成するため、アイスランド語学者のエイリクリ・マグヌソンに同行してもらう手はずになっていた。さらに、アイスランドでの移動は馬だけが頼りであるため、もう一人の同行者チャールズ・フォークナーと共に、数ヶ月前から乗馬の練習も行っていた。

このことからも、入念に計画された旅であったことには間違いないだろうが、この時期に計画を実行するということは、やはり現実逃れということもあったのではないだろうか。なんといっても当時モリスはまだ三十代という若さである。神秘的なこの地で巡礼の旅をすれば、ケルムスコットに戻ったときに全てがうまく収まっているかもしれない。そのような期待をモリスは抱いたのかもしれない。

一方ロセッティは、そんなモリスの気持ちを知ってか知らでか、無邪気にも愛犬と使用人二人を引き連れてケルムスコットにやってくると、美しい「タペストリールーム」を自身のアトリエにして、熱心に詩や絵の制作にとりかかった。実はロセッティは、少し前に詩集を出版し、ロンドンで酷評を受けていたのである。その現実から逃げるようにしてやってきた「ケルムスコット・マナー」だったが、そこでは『生命の家』をはじめとする多くの傑作を残した。

しかし、モリスが留守の間、誰よりも幸せそうであったのはジェーンであった。気難しい夫に気を遣うことなく、遠くまで好きなだけ散歩を楽しむことができる。そしてロセッティのモデルになり、彼にインスピレーションを与えている自分に喜びを感じていた。

一八七一年九月十日。二ヶ月にわたるアイスランド旅行を終えたモリスが「ケルムスコット・マナー」に戻ってきた。その手には、山羊の角でできた角杯、銀製のガードル、刺繡が施されたボディスというコルセットなど、抱えきれないほど多くの土産を持っていた。

娘たちは、今まで見たことのないほど美しく繊細な異国の伝統工芸品に興奮を隠しきれなかった。特にマウスという名のポニーは、あっという間にモリス家のアイドルになった。モリスは、アイスランドから送った家族宛の手紙に、このマウスのことを書いたことがあった。

「この小さな獣は、非常に穏やかで勇敢だ。少しでもクシャミなどしようものなら、地球、いや、草の根から激しく揺れてしまうようなひどい沼地でも、難なく渡り歩いてみせる。それでも、イギリスの穏やかな空気と豊かな牧草地では、怠惰になるらしいが、そんな彼らをどうして責めることができるだろう」

そのマウスのために「ケルムスコット・マナー」の鳩小屋が改装された。元から恰幅がよかったマウスだったが、あまりにも皆に可愛がられたものだからますます太っていった。

モリスはアイスランドの魅力を娘たちに語って聞かせた。

「黒砂の海岸を進んでいくと、そこにはアルメリアとシラタマソウの群生が一面に広がり風になびいていた。その姿はまるでペルシャ絨毯のようで、ただただ美しかった。アイスランドの虹は三重に重なって現れ、翠色に燃える夕暮れの空が、カーブを描きながら延々と流れる河を鈍く照らしていた」

不思議な魅力に輝くアイスランドの不毛地帯は、以来モリスの脳裏に焼き付いて離れなかった。彼がアイスランドの人々の生活に何よりも共感したのは、厳しい環境の中に生きながら、威厳と人情味を失っていないこと。そして、古い文学が今でも強く根付いていることであった。屋根が芝や野花でおおわれた家屋は、旅人を温かく迎え入れ、普通の家でありながらも、まるで中世の貴族にでもなったような気にさせてくれた。太古より伝わる伝統的なその「芝生の家」で、アイスランドの人々は力を合わせて厳しい冬を乗り切るのである。これほど人間的だと思える生活はあるだろうか。

メイとジェニーの二人は、モリスの土産話に目を輝かせた。それからというものアイスランドは、メイにとっても伝説的な地となった。そして、いつかそこへ行くことを夢みながら成長していった。

第四部　少女期

第10章　ジェニーとメイ

モリスはアイスランドから戻っても、ロンドンに滞在したり長旅に出たりと、相変わらず家を空けることが多かった。しかしケルムスコットにいる間は、目のまえにある植物や野鳥を愛し、近くを流れるテムズ河の上流で釣りなどを楽しんだ。

「ケルムスコット・マナー」は、コッツウォルズの美しい景色と一体化するかのように自然な佇まいの館である。クローバーで覆われた湿地帯。バークシャー州を見渡す小さなエルムの丘。窓の向こうに広がる景色。そのどれもが、まるで絵画のように美しかった。

モリスがここを借用した理由は別にあったのかもしれないが、なにしろ偶然みつけたこの古い館に単純に惚れ込んでしまったのも事実だろう。彼が「レッド・ハウス」を失った衝撃から本当に立ち直ったのは、この「ケルムスコット・マナー」と出会った瞬間ではないだろうか。

ジェニーとメイは、すでに十歳になろうとしていた。いわゆる普通の「ヴィクトリア朝の中流階級」の家庭ではないモリス家は、娘たちに対して「女の子らしさ」ということを求めず、バーン＝

ジョーンズの子供たちと木登りをすることさえ咎めなかった。服装も、一般的なコルセットやフープドレス、リボン飾りなどの流行に惑わされず、シンプルで実用的なものを選んだ。家族全員の散髪は母が担当していたが、どれほど「才能ある」母でもたまには「失敗する」ことがあり、家族内で反発が生じたこともあったというから微笑ましい。

年子のジェニーとメイは、まるで双子のように仲がよかった。大自然に囲まれた環境で新しいことを次々と見つけては、一日中飽きもせずに一緒に遊んでいた。メイは特にお転婆で、よく屋根裏の小さな隙間からはい出しては、屋根の上にのぼって遊んでいた。

一度など、切妻屋根の頂点にまたがってしまって、身動きが取れなくなったこともあった。それを目撃してしまった母には、もう同情するしかない。その時は、庭師のフィリップが、できるだけ高い梯子を探しに村まで一走りしなければならない始末だったという。

メイはまた、父の釣りに同行して餌係をすることもあった。それがたとえ生きたミミズや幼虫でも躊躇することなく、逆に「女の子らしくないこと」をする自分に得意満面だったようである。数年前、親の同伴なしでナワース城への旅をなしとげたばかりであったメイは、何かと大人顔負けのことをやってみせることに喜びを感じていたのだろう。

姉妹は自立心と好奇心が強く、大人の手を煩わせることが少なかったが、勉強ともなるとガヴァネスを困らせることが多々あったようである。メイによると、姉は「道徳的で愛想のいい子」で、読み書きに優れて成績もよかったが、それに比べるとメイはあまり学問に熱心ではなく、それが多少のコンプレックスとなっていた。

授業中メイは、上階から聞こえてくる画家の足音や、窓外の様子が気になって仕方がなかった。ローマ帝国について学んでいた時のことを、後にこう述懐している。

「サッシ窓の外では、黒歌鳥がおしゃべりをしながら、グースベリーの実で宴会をしていましたし、黄金に輝く干草が、屋根の上まで高く積み上がっていました。大きな納屋も、忙しそうに動き回る男女でいっぱいでした。それを見ているほうがローマ帝国よりもずっと面白かったのです」


姉妹はこのように、自然と芸術に囲まれながらのびのびと成長していった。しかし幼いながらも、自分たちが普通ではない「型破りな芸術家の社会」におり、いかに自由で個性のある特権階級的な生活を送っているか、早々と理解していったようである。

モリスがアイスランドに行っている間、ロセッティはジェーンをモデルにして「柳」という作品を描いていたが、実は娘たちも彼のためにモデル役を務めることがあった。二人とも、ふさふさとカールをした親譲りの髪質で、「ラファエル前派」の絵に登場する天使そのものだったのである。

特にメイはロセッティのお気に入りだった。それは、結婚したくてもできなかったジェーンの血を受け継ぐ娘であったからか、もしくは亡き自分の娘の姿とメイを重ねていたからかもしれない。リジーとの娘が生きていれば、ちょうどメイくらいの歳であったはずである。

何よりもメイは、すでに絵の才能を現しはじめていた。そしていっぱしにも、ロセッティに絵を教えてもらうことを条件にしてモデルになることを承諾していた。

それにしても、やんちゃ盛りの子供がモデルとして何時間もじっとしていることは、果たして可能なのだろうか。しかしそこはロセッティである。相手が十歳足らずの子供だということを完全に無視して、まるで大人に対するような話ばかりを語って聞かせた。母にいわせると、時には「行き過ぎ」な内容もあったようであるが、このミステリアスな「タペストリールーム」で聞く彼のウィットに富んだ話は、メイを無限に楽しませた。

メイはこの頃から少しずつ演じることを学び、充実感を覚えていた。そして、ロセッティが水彩画「ローザ・トリプレックス」を完成させるころには、母にも劣らない立派なモデルの表情をするようになっていた。

ロセッティによるメイの素描

第11章　ホリントン・ハウス

メイにとって「ケルムスコット・マナー」は「遥か彼方の夢に向かって歩き、いつの間にかその中にいるかのよう」な場所だった。

そこでは誰もが幸せだった。病気がちのジェーンも、読書や裁縫をしたり、室内装飾に取り掛かりながら、みるみるうちに体調を回復していった。そのうちある程度の距離を散歩するようにもなり、レッチレードの村まで足を運ぶこともあった。ロンドンではソファーに横たわることの多かったジェーンを考えると、これは素晴らしい進歩である。

しかしそのようなケルムスコットにも欠点が一つあった。それはロンドンのような社交の場がないことである。隣人といえば、領主か農夫、労働者くらいしかいなかった。逆にいうと、もしジェーンが健康であったら退屈に思っていたかもしれないから、当時のモリス家にとっては最適な環境だったといえるのだろう。

何しろここには、原野を明るく照らすラッパスイセンや、甘い香りを放つ色鮮やかなバラがある。チューリップなんかは、緩やかに風に揺れている。熟したベリーを盗みにやってくる悪戯なツグミも遊びにくる。

そのどれもが、後にモリス製品となって世に送られた自然の世界であった。いずれメイが発揮するあの優れた感性も、この地で磨かれたことは確かだろう。メイは、こう回想している。

「テムズ河の支流を散歩していたら、父が目の前の柳のことを説明しだしたのです。それぞれの葉の形や動きの違いなんかを細かく。この柳はその後、壁紙になりました」

こうして出来上がったのが「柳の枝」である。モリスデザインとしてベストセラーとなり、一五〇年たった今でも人気のあるこの絵柄は、このようにモリス一家のたわいない日常から誕生していた。

一方ロンドンでは、「モリス・マーシャル・フォークナー商会」がますます成長をとげていた。いよいよ「クイーン・スクエア」では手狭になってきていたので、モリスは住居部分だけでも転居したいと考えはじめた。

実はモリスは、「レッド・ハウス」で既製の染糸を使って刺繡をしたとき、出来上がったものが早々と色褪せてしまったことに落胆していた。それからというもの、本格的に染色実験をする機会をねらっていたのだが、それにはさらなるスペースが必要だったのである。

結局、ロンドン西端に位置するチズウィックのターナム・グリーンに「ホリントン・ハウス」という家をみつけ、そこを一家の仮住まいとした。一八七二年のことであった。

とはいえ「クイーン・スクエア」を完全に引き払ったわけではなく、モリスだけは、その書斎と寝室を使い続けていたようである。これが何を意味するか今でも憶測は多いが、ジェーンとの間に半別居という暗黙の了解があったのではないかという説がある。

というのも、「クイーン・スクエア」が手狭になって転居したにもかかわらず、「ホリントン・ハウス」は、ウェッブでさえ「目抜き通りに立つ納屋」とからかったほど小さかったのである。しかし、もし「ホリントン・ハウス」がジェーンと娘たち三人のためであれば、一応は十分な広さであっただろう。何よりもそこは、中心部と比べて非常に閑静で、大好きなテムズ河も近かった。特に可愛らしい庭が家族に好評であった。

モリスは、いまだに続いているジェーンとロセッティの関係に頭を痛めていた。そして、アイスランドから帰ってからも、「ケルムスコット・マナー」に「居座っている」ロセッティに業を煮やしていた。

そのジェーンが、再びロセッティとケルムスコットに戻ろうとしていた一八七二年六月上旬、突然ロセッティが神経衰弱にかかってしまった。それまで以上に睡眠剤やアルコールに頼るようになり、一部の友人以外はみな敵に思えるなど、あらゆる妄想にかられるようになっていった。アヘンチンキを大量摂取して自殺をはかったこともあった。

このようなロセッティの症状は、ジェーンとの解決しない関係が原因であったことは明らかだった。ジェーンもそのことを意識してか、彼とは接しないようにしていたが、それが彼の症状をますます悪化させたようである。

結局ジェーンは、娘たちを連れて「ケルムスコット・マナー」へ行き、そこでロセッティを出迎えた。メイが覚えている限りでは、そのときのロセッティは明らかに奇妙だったという。

「朝食に降りてきては、数えきれないほどのゆで卵を頬張り、あとは夕食の時間になるまでずっと部屋にこもっていました。食後はみなそろって彼の部屋に座っていました」

ケルムスコットでのロセッティは、日没前に散歩に行くことを日課としていた。体の弱いジェーンも、できるだけ彼に付き合うようにしていた。メイは子供心ながら、真っ暗闇に現れる二つの影をみて寂しさを感じていた。

愛する男性が目の前で衰弱しきっている。ジェーンの心は、それまで以上に乱れたことだろう。「ケルムスコット・マナー」での幸せだった時間が、まるで嘘のようであった。

ロンドンに残っていたモリスも、感情的にならないように努力をしながら、ひたすらジェーンの帰りを待った。家族を幸せにしたいという気持ちだけで「ケルムスコット・マナー」も「ホリントトン・ハウス」も手に入れたモリスだったが、あのロセッティのお陰で台無しになりそうな気がしてならなかった。

結局ジェーンがロンドンに戻ってきたのは、秋になってからだった。これから冬がやってくる。「ケルムスコット・マナー」では寒すぎるし、それにあの辺りは浸水する恐れもあった。ケルムスコットにひとり残されたロセッティは、そこで、「プロセルピナ」という後の代表作となる大作を完成させた。

第12章　ノッティンクヒル・スクール

モリスの人生には、常にバーン＝ジョーンズという親友の存在があった。彼はモリスのことを「友人の中で最も聡明な男」だと思っており、ものごとの捉え方や嗜好があまりにも似通っていることに好感を抱いていた。モリスも、芸術家を志しはじめた時や、商会を創設した時など、大決断の時には必ずバーン＝ジョーンズを頼っていた。

二人の友情はオックスフォードで出会った時から育まれ、それは一生涯続いた。幸運なのは、それぞれの妻、ジェーンとジョージアナもお互いに好印象を抱いていたことである。二人は「レッド・ハウス」で制作を共にした時から良好な関係を築いていた。

しかし一八六九年、こともあろうかバーン＝ジョーンズが、メアリー・ザンバコというエキゾチックな女性と親密な関係になってしまったのである。彼はメアリーをモデルにして代表作「クピドとプシュケ」や「欺かれるマーリン」を制作した。これにジョージアナが傷ついたのはいうまでもない。聡明な彼女は決して冷静な態度を崩さなかったが、同じような立場におかれていたモリスに同情的になった。

モリスとジョージアナは、限りない文通を通し、お互いが直面している共通の問題について語り合う仲になった。ロセッティとジェーンの関係で無気力感に襲われていたモリスにとって、ジョージアナの存在は大きな心の支えとなっていただろう。

一方、両家の子供たちは、そのような複雑な大人の事情など知る由もなく、無邪気にのびのびと育っていた。バーン゠ジョーンズ家の長男フィリップと長女マーガレットは、モリス家の娘二人と年齢が近いこともあり、まるで本当の兄弟のように仲良しだった。

「ラファエル前派」や「バーミンガム・セット（オックスフォードの学生による団体）」などが身近にあった影響か、四人は大人顔負けの「シークレット・ソサエティー」という秘密団を創設し、ロンドンのフラムにあるバーン゠ジョーンズ宅「ザ・グレンジ」にて会合を重ねた。チームリーダーは、唯一男性であるフィリップではなく、最も年長で背が高いジェニーが務めた。こういうところが、さすがモリスとバーン゠ジョーンズの子供たちである。

その子供たちも青年期に入り、いよいよ両家ともに子供の教育について本腰をいれて考えなければいけない時期がやってきた。バーン゠ジョーンズ家の長男フィリップは、すでに寄宿学校に行くことが決まっていた。そして一八七三年の秋、嫌々ながらもウィルトシャー州のモールバラ・カレッジへ旅立ったが、問題はマーガレットとモリス家の姉妹たちであった。

というのも、それまで教育とは、中流階級以上の男子のみが受けられる特権だったのである。しかし、一八七〇年にイギリスで初めて「初等教育法」が施行されると、階級や性を問わず、五歳から十二歳までの子供全員が学校教育を受けられるようになった。この法律により、メイたちのような中流階級の子女にとって、学校へ行くという選択枠が初めて与えられた。

この「初等教育法」発足の背景には、製造業などで、登記や会計のできる人材が必要となったことにあったが、しかし、稼ぎ手が必要であった労働者階級の親たちは、相変わらず子供たちを工場に送り出しており、まだ完全に平等な制度とはいえなかった（初等教育が義務化されたのは一八七六年になってからである）。

ジョージアナは、兄や夫がグラマースクール（中等教育機関）と大学に行けたのに対し、自分はホームスクールで育ったことに不服で、せめて自分の娘には教育を受けさせたいと考えていた。モリス家はどちらかというと放任主義だったが、おそらくジョージアナの考えに押されたか、または多少のプレッシャーもあったかもしれない。当時創設されたばかりの女学校「ノッティングヒル・スクール」にマーガレットが通うことになると、モリス家も娘二人を同じ学校に行かせることにした。

幸いその頃には「ノッティングヒル・スクール」のように、女子教育を推奨する女学校が続々と創設されるようになっていた。実際はまだ、成人前の女性が一人で街中をふらつくことが許されなかった時代だと考えると、これは国と女性にとって大きな一歩であった。日本でもちょうど明治に入り、女子のためのミッションスクールが開校されるようになっていた頃である。

こうして一八七四年の秋、十二歳のジェニーと十一歳のメイは、晴れて女学生となった。「ノッティングヒル・スクール」は西ロンドンにあり、両家にとって地理的にも都合がよかった。二十四人の子女が六クラスに分かれて学んでいたが、クラス別といっても一つの大きな部屋をカーテンなどで区切っていた程度であった。

生徒にとって何よりも刺激的であったのは、生まれて初めて同級生という仲間ができたことだろう。普段からお互いの家を行き来し、本を貸し借りしたり、アイデアを出し合ったり、また何に対しても議論をした。

しかし人間とは、強制されることには反発し、禁止されることには挑戦する生き物である。バーン＝ジョーンズ家のフィリップが乗り気でなかったことに比べ、それまで学校へ行くことが許されなかった彼女たちは、まず教育が受けられるということを純粋に喜び、おそらく男性よりも学ぶことに貪欲だったように思えて仕方がない。家で裁縫やピアノのレッスンもいいが、それまでは良縁をみつける以外に明白な目標があるわけではなかった。そのような毎日から解放されただけでなく、男性と同じように成功できる可能性を証明する機会が、彼女たちに与えられたのである。

特にジェニーは頭がよく、ラテン文学や英文学の知識を着々と習得し、すぐに優等生として知られるようになった。モリス家では、家族それぞれのダイニングチェアが決まっていたのだが、ジェニーの椅子だけは常に重かった。というのも、彼女の椅子には箱がついていて、その中に分厚い学術書がぎっしり詰まっていたのである。それほどジェニーは勉強に熱心だった。その頃までには「オックスフォード」や「ケンブリッジ」も女性教育に力を入れ始めており、ジェニーの将来はますます楽しみであった。

一方のメイであるが、やはり勉強よりも美術に興味があり、この頃から姉に対して劣等感を抱いていた。とはいえ、後にメイが講演や執筆をこなしていることを考えれば、とりたてて卑下するほどではなかっただろう。


このように娘たちが勉強に励むなか、モリスはある決断をする。それは「モリス・マーシャル・フォークナー商会」を解消して独立することであった。

「モリス・マーシャル・フォークナー商会」は、「レッド・ハウス」からはじまり、仲間同士で一から築き上げた商会である。彼らとの絆を考えると、商会の所有権や経営権をモリス一人が持つという提案は大胆にも思える。しかし、商会がはじめられたのは確かにパートナーのお陰かもしれないが、出資の大部分はモリスであったし、そのうえ仲間の一部は実務に関与せず、名ばかりの存在になっていた。これは、成長を遂げている会社としては非効率な問題であった。

モリスの独立案に対し、バーン＝ジョーンズ、フォークナー、ウェッブは協力的であったが、ロセッティやマーシャル、そしてマドックス・ブラウンは快く思わず、モリスに対して補償を要求した。特にブラウンの心は穏やかでなく、モリスとは二度と口をきかないと誓ったほどであった。

補償金は痛い出費であったが、モリスは誠実に対応した。そして一八七五年、念願の「モリス商会」が誕生した。その日はメイにとって、十三回目の誕生日でもあった。

バーン＝ジョーンズとモリスの家族写真。左からバーン＝ジョーンズの父フィリップ、末娘マーガレット、バーン＝ジョーンズ、長男フィリップ、ジョージアナ、メイ、モリス、ジェーン、ジェニー。両家の子供たちはよく一緒に遊んだ
(Mark Samuels Lasner Collection, University of Delaware Library, Museums and Press 所属)

第五部　十代

第13章　モリス商会と壁紙

「モリス商会」の出だしは好調であった。特に、特注のカーテンや壁掛けなどが人気で、裕福な家庭から多くの注文を受けた。当時完成したばかりの百貨店「リバティー」が、モリス商会の装飾品を幅広く扱ったこともあり、約一年後には「オックスフォード・ストリート」にショールームを構えるほどに成長していた。「オックスフォード・ストリート」は、今では大きな百貨店のある目抜き通りである。当時も店舗や小売店が並んでおり、忙しなく行き交う馬車や買い物客でにぎわっていた。

そのように、ロンドンで最もファッショナブルな通りにできた「モリス商会」のショールームには、完成された商品の展示はもちろんのこと、見本帳や写真、スケッチなどが常備されていた。そして、クチコミや、雑誌の記事をみた客が続々と来店するようになった。

モリスの美しい商品で飾られた空間はとにかく居心地がよく、訪れる客を魅了した。彼らは実際の商品に触れながら好みのデザインを選び、それらが最終的に壁紙やカーペット、タペストリー、刺繍などのインテリア商品になったのである。現在最も知名度のある「いちご泥棒」は、当時から大人気な柄だった。

やがて、ショールームがビジネスとして軌道に乗り、インテリアブランドとしての地位を確立すると、モリスは新たな挑戦をはじめた。根っからの芸術家肌であったモリスには、店の経営よりも製作所の方が合っていたのである。それに、「モリス商会」として独立してから身動きがとりやすくなったこともあっただろう。モリスが染色と布地プリントの研究に挑んだのは、この頃だった。

十八世紀の産業革命は、ヨーロッパやイギリスのテキスタイル業界にも大きな影響をもたらした。織物や布を製作するにあたって、直接的にも間接的にも関係する発明品のほぼ全てが、この時代に誕生している。例えば一七六四年、ジェームズ・ハーグリーブスが「ジェニー紡績機」という糸車を発明し、糸を作る時間が圧倒的に短縮された。また、一七七五年にジェームス・ワットが発明した「蒸気機関」は織機に動力を与え、ドレスやインテリア用の布地をより安価で、より早く、より大量に製造することを可能にした。

一七八五年には、エドモンド・カートライトによって世界初の「力織機《りきしょっき》（機械動力式の織機）」が開発され、テキスタイル業界を激変させた。当初この織機で織れるのは無地の布だけであったが、一七八三年、トーマス・ベルがイギリス初となる「ロール捺染機《なっせんき》」の特許を取得してからというもの、柄物の布も制作できるようになった。「ロール捺染機」は、柄が彫られた銅製ローラーに顔料がのせられ、凹版印刷の要領で捺染していく機械なのだが、通常二十人による手作業が「ロール捺染機」一台で済むようになり、非常に効率的であった（それでも当初の捺染機では単色刷りのみで、残りの色は昔ながらに手彫り木版を使って手作業で『ブロックプリント』印刷をしていた）。

一八三九年には、この捺染機を応用して、初めて壁紙が機械印刷された。印刷機はそれからも進化を続け、一八六〇年までには機械印刷により八色まで印刷が可能になっていた。これにより、それまで高級であった壁紙は庶民にも手が届くようになり、インテリア商品として大ブームとなっていったのである。

そのような時代に「モリス・マーシャル・フォークナー商会」を立ち上げたモリスであったのだから、当然ながら布地プリントを軽視するようなことはなかった。商会を成長させたければ、商業用テキスタイルを自社で制作していかなければならないとわかっていたのである。刺繡は商品としてすでに定着しつつあったので、次の目標はインテリア商品として採用できるようなリピート柄のデザインであった。

しかし市場に普及していたのは、「ロール捺染機」で制作された安物の市販品であった。モリスはこのような世の中に嘆き、こう言った。

「実用的でなかったり、美しいと思わないものを家においてはいけない」

これはモリスと、後の「アーツ&クラフツ」運動において核となる、最も重要な信条である。良い品質や環境を保ちながら、市販品に対抗するにはどうしたらいいか。モリスの頭には、ヨーロッパでも紀元前四〜五世紀ころからすでに存在していた伝統的な「ブロック・プリント」という技法しかなかった。

「ブロック・プリント」とは、版木を使ってスタンプの要領で印刷していくのだが、それにはまず完成度の高い版木を制作しなければならない。一色に対して一つの版木が必要なため、デザインによっては三十もの版木を要し、完成までに四週間かかることもあった。つまり、多色使いのデザインであるほど高価な商品になってしまうのだが、それでも一度版木を作ってしまえば何度でも刷ることが可能で、また同じ版木から色違いの商品を印刷できるという利点もあった。何よりも「ブロック・プリント」で印刷をした商品の色は鮮やかで深く、機械印刷とは到底比べものにならないほど美しかった。

モリスは、この「ブロック・プリント」の技術を使って印刷できる、リピート柄のデザインに研究を重ねた。彼の理想は、自然美を表現すると同時に「大邸宅の遊園」を思い起こさせる世界を創作することであった。

なにしろエセックスの田舎で育ったモリスは、様々な植物や野鳥の名前をいい当てることができるほど自然に親しんでおり、愛する「レッド・ハウス」の庭でも、トレリスにからまる薔薇のツタや、木々の間を飛び回る野鳥などを絶え間なくスケッチしていた。それらのスケッチが、壁紙や布製品に使う絵柄のもとになるのだが、見たものをただそのまま複写するのではなく、秩序と構図をかね備えたパターンにするにはどうすればいいか。納得のいく壁紙を作るため、一八六〇年代はモリスにとってひたすら試行錯誤の時代となった。

そして一八六四年、「レッド・ハウス」で描いたスケッチをもとに、初めての壁紙「トレリス」を発表したのである。構想から壁紙として完成するまでに十五ヶ月を有したが、「トレリス」を完成させたモリスは、「デイジー」や「フルーツ」など、その後も次々と新作を発表した。

実は同じ草花がモチーフでも、当時壁紙として一般的にもてはやされていたのは、「トロンプ・ルイユ（騙し絵）」のような立体的でリアルな絵柄であった。これは、平面的なモリスの壁紙と真っ向から反するデザインである。

そのため人々は、モリスの壁紙を奇妙に思ったが、それでも彼は相変わらず流行に惑わされず、妥協を許さなかった。そして一八七〇年代には、質と値のバランスがとれた生産技術を習得し、壁紙商品も軌道に乗り始めていた。

「リピート柄のデザインは慎重にしなければいけない。アウトラインは自信を感じさせるように強くてはっきりとしたものでなくてはならない。それが弱々しいと、しまりのないデザインになってしまうからである」

モリスは弟子たちにこう言い続けた。

「パターンは正しいか正しくないかのどちらかである。不手際は、絵画では効果的になることもあるが、パターンには許されない。それは要塞と同じである。一ヶ所でも弱い部分があってはならないのだ」

この信念のもとに制作されたモリスの壁紙が、インテリア商品として広く普及するようになったのは一八八〇年代になってからだったが、モリスは五十以上もの壁紙デザインを世に遺した。それは、こうした彼の限りない研究と努力の成果であった。

オックスフォード・ストリートのショールーム

第14章　愛の終わり

「ジェニーはそろそろ吟遊詩人に、メイも画家になっただろうか」

ある時ロセッティは、ジェーンへの手紙にこう書いた。

彼はモリス家の幼い姉妹の才能開花を、今か今かと待ち望んでいた。精神的に病んでいた時などは、姉妹の無邪気さが大きな助けとなったこともあったが、今では二人とも学校教育を受ける立派な女学生となっていた。

ジェニーは相変わらず勤勉で、多少の風邪では学校を休んだりしないほどであった。一方のメイは、授業を欠席して母と行動を共にすることも多かった。結果的にジェニーよりもメイの方が、両親とロセッティの関係に敏感だったのはそのせいではないだろうか。ロセッティが精神衰弱となり、ジェーンとイギリス南部の保養地ボグナーに滞在したときもメイが一緒であった。

メイはこのボグナーから、ロンドンに残って染色実験に勤しんでいた父に手紙を送った。幼いながらも、複雑な大人の事情をすでに理解していたか、もしくは理解しようと努力をしていたのかもしれない。もし手紙を出したのが父を気遣ってのことなら、健気であるとしか言いようがない。

父からの返事には、これからスタフォードシャー州のリークにある、シルク染色の第一人者トーマス・ワードルの工場を訪ねてくること、そして「クイーン・スクエア」の狭い地下で、何とかやりくりしている染色実験のことなどが書かれていた。

モリスは、自分が愛する芸術の世界のことを、娘とこのように話せる日がくると想像できていただろうか。商会のことも、ジェニーよりもメイに対して話すようになっていたようである。モリスが芸術家としてのメイに、偉大な期待を寄せていたことは間違いなかった。

しかし、実際のところメイは、両親とロセッティの板挟みにあっていたように思えて仕方がない。メイは、常に芸術家になるよう後押ししてくれたロセッティに同情的であった。そうでなければ、ケルムスコットの「タペストリールーム」で、彼のために何時間も座ることはなかっただろう。メイの心は決して穏やかではなかったはずであるが、父抜きで過ごしたケルムスコットでの二ヶ月間のことだけは、成人してからも公然と話すことはなかった。

一八七六年の春。ジェーンはそのボグナーで、とうとうロセッティとの関係を解消する決心をする。苦しむロセッティを励ますことも、元気づけることもできず、そのような自分に苛立ちを感じていたのだろう。

しかし、ロセッティとの別れはジェーンの人生で最も辛い決断だった。クローラルに頼りすぎていたロセッティは、手がつけられなかったかもしれないが、それでも彼にはどんな男性にもない魅力があった。それに娘二人もロセッティによくなついていた。

ジェーンは、それまで交わした全ての手紙を焼き捨てるようロセッティに頼み、ロンドンにいるモリスの元へと戻っていった。どうしようもないもどかしさ。ジェーンやモリス、そしてロセッティ、それぞれが心に傷をおっていたが、それでも皆が先へ進もうとしていた。

その矢先のことである。突然ジェニーに異変が起きた。それはてんかんの発症であった。

てんかんは、今では治療薬もあり理解される病気だが、時はまだ十九世紀である。解明されておらず、精神異常の一種だと考えられていた。残念なのは、この悲劇によって家族が支え合うどころか、スキャンダルで厄介な問題と捉えたことである。

それからというものジェニーは、知的障害者として扱われるようになった。数年前までは優等生で、「オックスフォード」か「ケンブリッジ」に行っていたかも知れないほどの有望株であった。それが再び「ただの中流階級の女性」という、自立性のない立場に舞い戻ってしまっただけでなく、結婚の道さえも閉ざされてしまったのである。

ジェニーのてんかんは、家族全員を困惑させた。病気に関する情報はほぼ皆無で、どう対処したらいいか全くわからなかった。モリスは、ジェニーの症状を精神的に弱いジェーンからの遺伝だと思い込み、メイは、姉が発作をおこすたびに、自分もいずれそうなるのではないかと不安にかられていた。

家族全員がジェニーの症状に疲弊した。なによりも、ジェーンが再び精神的に不安定となってしまったのである。そのことが、モリスの健康にも悪影響を与えた。ジェニーにはやがて介護人がつくようになったが、最初は両親がジェニーにつきっきりになったというから、十代半ばのメイはひどく寂しい思いをしただろう。メイにとっては、母がロセッティと訣別したことで、楽しみにしていたロセッティとの時間も奪われてしまった。

同じ境遇に生まれ、同じように才能に恵まれた姉妹でありながら、人生の明暗をはっきりと分けてしまった病気。なんて残酷な仕打ちだろう。メイはその後アートスクールに進み、生涯において何に対しても精力的に行動を起こした。それは、不自由な生活を強いられた姉を間近で見てきた反動ではないだろうか。

第15章　ブロードウェイ・タワー

一八七七年の九月、モリス一家は、コッツウォルズ地方にある「ブロードウェイ・タワー」を訪れた。姉妹を学校から連れ戻し、静かな田舎で療養させようとジェーンが提案したためであった。「ブロードウェイ・タワー」は、十八世紀後半にジェームズ・ワイアットによって設計されたフォリー（景観用の塔）である。円形の小塔が三方を支える中世城塞風の塔は、第六代コヴェントリー伯爵が二番目の妻、レイディー・バーバラのために建てた「愛の塔」として知られていた。

二階には、「ロミオとジュリエット」のワンシーンを彷彿とさせるバルコニーがあり、まるで「ラファエル前派」のために建てられたかのように思えるほどロマンチックな建物である。一八六三年、モリスの朋友コーメル・プライスがリース契約を結ぶと、そこは当たり前のように「ラファエル前派」の溜まり場となっていった。

「ブロードウェイ・タワー」での時間は、モリス一家にジェニーの病気のことを忘れさせてくれた。メイは、この特別な休暇に興奮がさめやらなかった。「風が強すぎて石鹸の泡を飛ばしてしまわない限りは」塔の屋上で入浴したり、そのまま星の下で寝てしまう男性客もいた。彼らがあまりにも楽しそうにしているものだから、おてんばのメイは混ざりたくて仕方がなかった。当時のモリス一家には、このように非日常的でくだらないことをして空騒ぎをする時間が必要であっただろう。

さて、この塔が立つ「ブロードウェイ・ヒル」は、コッツウォルズで二番目の高さを誇る丘である。壮大な景色が一面に広がり、イギリス史でも重要な四つの戦場（イヴシャム、ウスター、バラ戦争のテュークスベリー、エッジヒル）が全て見渡せることでも知られている。

ある日モリスは、娘たちを塔の上に連れて行き、それらの戦場のことを話して聞かせていた。命がけで戦ってきた勇敢な男たちのことを話していくうちに、すでに彼の中で沸々と湧き始めていた闘争心に火がついてしまったようである。

実はモリスは「ブロードウェイ・タワー」へ行く途中、バーフォードにある「聖ジョン・ザ・バプティスト教会」に立ち寄り、その姿に「ぞっと」していた。歴史的な教会であったが、修復のされ方があまりにもひどかったのである。当時のイギリスは、産業革命の恩恵で資金が十分にあったため、イギリス国教会によって教会の大規模な修復が実施されていたのだが、モリスからすれば、彼らの「非情なやり方」は古建築を破壊しているようにしかみえなかった。

「ブロードウェイ・タワー」に到着したモリスは、ジョン・ラスキン宛に手紙を書いた。

「古建築は適切に補修すれば、修復など必要ないのです。先行きが心配な古建築を見てきました。

いずれは弱まってしまう鉄で繫ぎ合わせ、いずれは衰えてしまう木材で補強していたのです。なぜそのようにしてしまうのか。私の歯で削りとった方がよっぽどましです！」

翌年三月、モリスはこのような古建築を保護する目的で「古建築物保護協会（Society for the Protection of Ancient Buildings）」を立ち上げた。協会にはバーン＝ジョーンズや、ウェッブ、ハント、ド・モーガンなど、多くの知人が参加した。しかし、モリスの戦いは古建築だけにとどまらなかった。

一八七六年、ヨーロッパ対オスマン帝国の間で「東方問題」が起きていた。イギリスはロシアの南下を防ぐために、トルコを支持していた。当時のディズレーリ首相が戦争を画策している可能性が表面化してくると、モリスの感情はもはや抑えることができなくなっていた。モリスは猛反発した。

「戦争とは何のためにするのか。誰のためなのか。この戦争は、敵ではない人々とヨーロッパ、そして自由と希望全てに対する不当な行為である」

そして同年十二月、「東方問題」に抗議する「東方問題協会」の結成大会に参加したモリスは、この時から自由党の急進派寄りになっていった。

このようにモリスを社会活動家にしたのは、「ブロードウェイ・タワー」から眺めた戦場であったようにしか思えない。モリスもジェーンも、ジェニーのことで思った以上に失望していた。しかし二人とも、どちらかというと厳格な性格で、わきまえもなく感情を露呈することはなかった。そのため、どこか怒りのはけ口になるようなことが必要だったのではないだろうか。特に「古建築物保護協会」の活動は、モリスのライフワークとなっていった。

第16章　イタリアへ

イギリスのカンブリアは、スコットランドとの境に位置することもあり、今でも古い城が多く残る地方である。壮大な景観を背景にそびえる城は、どれも美しいが、中でも最も圧巻であるのは、やはり「ナワース城」ではないか。深い峡谷の崖上に立ち、青々とした芝と、深い森に囲まれたその姿はロマンチックで、モリスに「イギリスで最も詩的で情緒的な美しい場所」といわせたほどである。

この「ナワース城」の領主、ジョージ・ハワードは、第九代カーライル伯爵であり、議員でもあったが、才能のあるアマチュア画家でもあった。また「ラファエル前派」の強力なサポーターでもあり、一八六〇年頃、ロンドンのハワード邸「パレス・グリーン一番」の設計をウェッブに依頼している。このときインテリアを担当したのはモリスであった。残念ながら今では「パレス・グリーン一番」もアパートになってしまい、モリスの装飾品は跡形もないが、それでもロンドンを代表する「アーツ&クラフツ」建築として今でも圧倒的な存在感をみせる。

そのハワード家とモリス家は、この「パレス・グリーン一番」をきっかけに家族ぐるみの付き合いをしていた。「ナワース城」にはメイも八歳の時に招待されているが、親が同伴しなかったこの旅行は、メイにとってとにかく一大イベントであった。

プロローグでも述べたが、当時メイが残した日記に「私はすごくおてんば娘だけど、ここでは小さい子の悪いお手本になりたくないから、そんなに悪さはしませんでした」とある。ここでの「小さい子」とは、それほど歳の違わないハワード家の子供たちのことである。姉妹だけの旅行（実際は家政婦が一緒だったが）をやり遂げ、急に大人になったような口調であるのが微笑ましい。


さて、ジェニーの病気が発覚した翌年の秋、ジェーンと姉妹の三人は、このハワード家からイタリアに来ないかと誘われていた。病弱なジェニーにとって、寒くてジメジメしたイギリスで冬を越すよりも、温暖なイタリアの方がいいのではないか、という夫妻の厚意であった。

ハワード家のヴィラは、イタリア北西部のオネリアにあった。リグリア海に面する美しい漁村で、青々とした海と豊かなオリーブ畑が広がり、まるで楽園のようであった。思わず筆を取りたくなるような風景ばかりで、感受性の高い年頃のメイも、暇さえあれば絵を描いていたようである。当時メイが残した絵をみると、彼女の芸術に対する潜在的な欲望を引き出したのはこのイタリアだったとさえ思える。

モリス家の女性三人はこのオネリアで、結局六ヶ月もの月日を費やした。一人イギリスに残されたモリスは、妻にこう手紙を送った。

「メイはなぜ手紙をよこしてこないのか。スケッチで忙しいのか」

一向に便りを送ってこない娘に業を煮やしながらも、メイへの密かな期待が浮かび上がる一文である。芸術に対する父と娘の絆は、少しずつだが確実に強くなっていた。

そのモリスであるが、ロンドンで一人羽を伸ばしていたかというと、必ずしもそうではなかったようである。「東方問題協会」の集会などに参加するなど、相変わらず社会活動に余念がない一方で、新たな家探しにも精を出していた。おそらくジェーンがロセッティと別れ、「クイーン・スクエア」を借り続ける必要性がなくなったのだろう。そうなると「ハリントン・ハウス」ではどうしても狭すぎた。

しかしこの時、モリスは厳しい現実を初めて目の当たりにしてしまった。仲間が多く住む中心部を考えていたが、合理的だと思える家賃の家がみつからなかったのである。結局家探しに数ヶ月を費やしたが、やがて西ロンドンのハマースミスに目をつけた。

ハマースミスは今でこそ洒落た街であるが、当時は、掘立て小屋や麦芽製造所ばかりの薄汚れた騒々しい街で、「小さなワッピング（ロンドン東部のスラム街）」と不名誉なニックネームまでついていたほどであった。

それでもテムズ河のほとりには美しいエルムの並木があった。モリスはそこに、「ザ・リトリート」という邸宅を見つけた。

「ザ・リトリート」は、「クイーン・スクエア」と同じく実用的なジョージアン様式の建物で、モリスの書斎はもちろんのこと、家族と使用人のための部屋が十分にある大きさだった。緑豊かな環境で、裏庭には果樹園と家庭菜園まであった。モリスにとっては、コーチハウス（馬車小屋）が隣接していたことも魅力的だった。

ここならば、やりたかった研究が思いっきりできる。なによりも、ここからテムズ河を二百キロほどさかのぼれば、オックスフォードの「ケルムスコット・マナー」にたどり着けるのであるのである。ロンドンとオックスフォード間をボートで往復することは、それまでモリスが抱いてきた夢であった。何日もかけて、のんびりといくボートの旅とは、なんと優雅なものだろうか。

実はこの「ザ・リトリート」は、同じく転居を考えていたロセッティが先に見つけてきた邸宅だったのだが、彼にとってそこはあまりにも状態が悪く、台所が「ぞっとするほど」で、浸水の恐れがあるから住めるものではないと言った。

それを聞いて不安になっていたジェーンのことを宥めるべく、モリスはイタリアまでせっせと手紙を送り続けた。

「もう二度ほど足を運んでみたが、私たちはこの家でうまくやっていける気がしてならないのです。中心部から少し遠いかもしれないが、馬車を拾えばここまで十五分とかからないでしょう」

そして、浸水の様子が見当たらないと確認しながら、こう書き綴った。

「修理も高額にならず、容易にできるでしょう。私たちのインテリア商品で飾りさえすれば、美しい家になる可能性もあります。殺風景の部屋でも住めるようになるかもしれません。貴方の部屋は庭を眺める素敵な部屋で、おそらく快適でしょう。それに、娘二人のための部屋もあります。長いドローイングルームは、ロンドンで一番可愛らしい部屋になるでしょう。裏庭は本当に美しいです」

そして、

「唯一の欠点は、大きな窓がありながらも、ひどく薄暗い南部屋ですが、それは『おふざけ部屋』とでもすればいいから気にしなくていいでしょう。考えてみればそこで雌鶏か豚か、牛なんかを飼うとちょうどいいかもしれません」

とおどけてみせた。

こうして一八七八年四月四日、モリスは「ザ・リトリート」を借用契約した。嬉しくて仕方がなかったモリスは、再びジェーンに手紙を送った。

「あの哀れなハリントン・ハウスを抜け出せてなんと嬉しいことか！」

モリスが「ロンドンで一番可愛らしい部屋になる」といったドローイング・ルーム
(Mark Samuels Lasner Collection, University of Delaware Library, Museums and Press 所属)

第17章　ケルムスコット・ハウス

モリスはこの転居をきっかけに、絨毯やタペストリーなどの手織り工芸に力を入れ始めた。縦型の織り機を寝室に置くと、そこで手織りの研究を続けた。

一八七九年の五月には、一つのタペストリーに取り掛かり始めていた。そして五ヶ月もの月日を費やして完成させたのが、「アカンサスとブドウの木」である。モリス自身はその出来栄えに満足しておらず、特にアカンサスはキャベツにみえると自虐的であったが、十六〜十七世紀のフランスやフランドルから着想をえて、独学で完成させたタペストリーとしては素晴らしい成果となった。

結局、手織り工芸の構想と研究に二年以上かかってしまったが、モリスは新たな挑戦を楽しんでいた。

やがて手織り技術に自信をつけると、今度は幅が三メートルもあるような立派な織り機をコーチハウスに導入した。そして、手が小ぶりで織りに向いているという理由から女性を雇い、一から指導をしはじめた。

「幸せの秘訣は、日常生活にある全てのことに興味を持てるかどうかにかかっている」

モリスはこのように、日頃から本当に良質なものだけを身近におくよう人々を促していたが、彼自身が本当に幸せそうにみえたのは、実は、伝統的な技法で織られた手織り絨毯に出会ったときであった。

特に中東の絨毯に関しては、結婚前から熱心に買い集めていたほど夢中だった。世界最古といわれる珍しい「アルデビル絨毯」が市場に売りに出された時などは、「あれほど論理的で一貫して美しく、並外れた完璧さのある絨毯はない」と言って、あの「ヴィクトリア&アルバート博物館」に対して購入するように圧力をかけたほどであった。

このような美しい絨毯は、モリスを盲目にさせた。念願のペルシャ絨毯を手に入れたとき、手紙を真っ先に書いて一大ニュースを知らせたのは、なんとメイであった。

「まるでアラビアンナイトの物語の中にいるかのような、そんな幻想を抱かせてくれる絨毯なのです」

イタリアから戻って十六歳になったメイは、絵の才能だけでなく、母譲りの容貌でも風格を示し始めていた。普段は不器用なモリスだったが、メイなら自分の情熱をわかってくれる。娘に対する自信が芽生えてきていたようであった。

父の血を受け継いだメイは、織り機が所狭しと並べられたコーチハウスに興奮が隠せなかった。そして手織りの制作過程や、東洋の絨毯にみられる配色などを熱心に観察し、「なんて多くのローアンバー（黄土色）とチャイニーズ・ホワイトが使われていること！」と驚いた。父が娘に手織りを指導することもあったが、そのような時はモリスも「極力辛抱強く」教えたという。

このように、モリスが特に情熱的であった手織り絨毯であるが、実際には、手織り工芸として商業的に成功させることに手こずっていた。というのも、絨毯は消耗品であり、それにはある程度の強度が必要であることが障害となっていたのである。さらに、手織りでは時間と手間がかかり、超高級品となってしまうことから、どうしても機械織りに頼らざるを得ないところがあった。

それまで産業化に反発し、機械製品を貶してきたモリスであったが、機械というものを闇雲に拒絶したわけではなかった。それよりも、粗悪に造られた商品と、悲惨な職場環境で利益を得ることが許せなかったのである。実際モリスがデザインをした機械織りの絨毯は、すぐにも人気商品となった。

それでもモリスは、手織りにこだわり、彼の監修のもとで手織り絨毯の製作も続けていた。このようにハマースミスのコーチハウスで製作された手織り絨毯は全て「ハマースミス絨毯」と呼ばれ、実用的な絨毯ではなく、芸術品として上流階級の人々から敬愛されていった。

実はモリスは、ハマースミスに入居する際、家の名前を「ザ・リトリート」から「ケルムスコット・ハウス」へと改名している。それは、オックスフォードの「ケルムスコット・マナー」にちなんだ名前であり、ハマースミスのこの家にそれほど思い入れがあったという証であろう。そして以前、ジェーンへの手紙で「ロンドンで一番可愛らしい部屋になる」と言った「ドローイングルーム」を、宣言通りの美しい部屋に変身させた。

「ドローイングルーム」は、長さが十メートル強もある長い部屋である。二階部分を占領する大きさで、南に面する五つの窓全てからテムズ河を眺めることができた。フローリングの床には絨毯「チューリップとリリー」が敷かれ、飾りっ気のない壁には「バード」のカーテンが飾られた。そこにウェッブによる家具が配置された。そのどれもが「レッド・ハウス」時代からずっと大事にしてきたものである。

このように青と緑を基調にした「ドローイングルーム」は、まるで中世の世界からそのまま抜け出してきたような温もりのある荘重な空間となった。後にメイは「ドローイングルーム」のことを、「ロンドンで一番可愛らしいとは思いませんが、ただただ美しい部屋でした」と振り返った。

当時四十代のモリスは、デザイナーとしても芸術家としても、ますます勢いに乗っていた。ジェーンとの関係は完全に元通りになることはなかったが、それでもロセッティと別れて戻ってきてくれた。何かと転居の多かった一家であったが、この「ケルムスコット・ハウス」はモリスにとって終の棲家となった。

'Acanthus and Vine' Tapestry「アカンサスとブドウの木」
(ケルムスコット・マナー所蔵)

第六部　学生時代

第18章　トレーニングスクール

一八八〇年、イギリスでようやく「教育法」が可決し、女性にも大学へ入学する権利が与えられた。とはいえ、女性が学歴とキャリアを選ぶことはまだ一般的には珍しいことであったが、国が大きな一歩を踏み出したことには間違いなかった。

メイが幸運だったのは、年齢的にタイミングがよかったこともあるが、両親から熱烈なサポートを受けていたことにもあるだろう。十六歳になったメイは、一八七八年十月、サウス・ケンジントンにある「ナショナル・アート・トレーニングスクール（現ロイヤル・カレッジ・オブ・アート）」に入学した。

「トレーニングスクール」は、主にデザイナーや教員として、国内外で活躍できる人材を育てる学校で、男性三百人と女性四百人ほどの生徒がいた。当時の授業は朝の九時から午後三時半まで続き、その間の昼休みはたったの三十分という厳格さであったが、全国各地で同じような教育機関が急激に増えていたというから、このような学校がいかに人気だったかがわかるだろう。

授業は、デッサンからデザイン、工芸美術まで、様々な分野に及んだ。メイが師事した当時の校長エドワード・ポインターは、特にデッサンの大切さを熱弁した。それには、すでに他人の目というフィルターに通されている石像ではなく、生身の人間を直接自分の目でみて描く「ライフドローイング」が重要視された。

スケッチがいかに大事か。これはモリスも常に言及していたことである。一八八一年、パリのルーブル美術館を訪れたときも、父にイタリア初期の油絵が展示されている部屋までつれて行かれ、とにかく木々を模写するように言われている。メイが後にデザイナーになっても、まずは身近の動植物をスケッチし、それをもとにデザインを描きおこしたのは、モリスの元で育ったことと、そして学生時代に学んだことが大きく影響しているのだろう。

実は近年になって、メイのドローイングや水彩画が徐々に発見されてきている。後に彼女が制作した装飾美術に比べると決してプロ並みとはいえず、メイも生涯それらを作品として公表することはなかったが、どれも芸術家としてのメイの貴重な記録である。それに、自信がないために絵を描かなかったモリスに比べると、彼女は卒業してからも絵を描き続けていた。それほど絵が好きだったということであろう。

ところがメイが学校で専攻したのは、絵画ではなく刺繍であった。メイは、なぜ刺繍を選んだのだろうか。病弱な姉ジェニーと、娘の発症に自責の念を感じて苦しんでいた父の姿を見て、「モリス商会」を継ぐのであれば自分しかいないとどこかで覚悟をしていたのか。また、「トレーニングスクール」の隣には「サウス・ケンジントン博物館（現ヴィクトリア&アルバート博物館）」があり、装飾美術コレクションが常に身近にあったということもあるかもしれない。

メイは博物館に通いつめ、イギリス独特の刺繍技法「オーパス・アングリカーナム」の代表的作品である十四世紀のコープ（高位聖職者が特別の儀式に着る長いマント）「サイオン・コープ」や「ジェッセ・コープ」の前に立ち、当時の技術や色調を研究し続けた。なんといってもメイは、幼い頃から母や叔母のかたわらで刺繍をしていたのである。彼女の刺繍技術は、「トレーニングスクール」に入学した時点で他の誰よりも優秀であった。

しかしメイは、そこで悲しい現実にも直面してしまうのである。それは、どんなに優秀な作品を作っても、その度にモリスと比べられてしまうことであった。純粋に彼女の作品として評価されることが少なく、時には模造品といわれることさえあった。

確かにモリスのデザインは影響しているかもしれない。しかしメイは、デザイン、特に配色に対して独自の考えをしっかりと持っていた。例えば、糸色を選ぶときには「乙女チックな色や突飛な色を選ばず、控えめでありながらも、できるだけ明るく鮮やかであること」だと考えていた。ある意味、独学でやってきたモリスと比べると、メイにはもっと幅広い配色の知識があったのである。「トレーニングスクール」の教師陣には、十九世紀を代表する工業デザイナー、クリストファー・ドレッサーがいたのだが、彼が特に相性がいいといった黄と紫の配色についてもメイは、「ぼやけて単調な紫色と、鮮明な黄色を選ぶときは気をつけなければならない。バターのような色調と、赤みがかった紫では、想像も絶するような醜い作品になってしまう」と疑問をなげかけた。このような配色を見極めるメイの力量と自信は、やはり育った環境によるものであろう。

メイはこの頃から、少しずつではあるが、「モリス商会」の仕事にも関わり始めていた。商会の作品「フラワーポット」は、モリスが最後に手がけた刺繍デザインのうちの一つで、メイにとってはほぼデビュー作といえる。つまり父から娘へと受け継がれた貴重な存在である。

メイは地布にリネンを選び、シルクと日本製の金糸を使ってステム、サテン、フレンチ・ノット、フィッシュボーンという限られたステッチを使って繊細に仕上げた。一方、全く同じデザインで青系の作品では、ウールの地布にシルク糸のみが使われ、ほぼ全てがチェーンステッチで刺繍されている。前者がシャープな印象に比べ、後者は柔らかい印象である。

このようにデザインが同じでありながら、糸色やステッチの違いで全く印象が違う作品になった「フラワーポット」であるが、この二作品には一つの共通点がある。それは、どちらもほぼアウトラインのみが刺繍されていることである。

実はアウトラインのみの刺繍は、絵柄を刺繍で埋めてしまうよりも誤魔化しがきかず、初心者には向かない技術だといわれる。メイはこの「フラワーポット」という作品で、限られたステッチの種類と糸色を巧みに選びながら美しく配置する才能を見事に証明してみせたのである。

振り返ってみれば、メイがキャリアの道を選んだのは、ごく自然なことだったのかもしれない。母の刺繡技術と、父のデザイン力の両方を受け継ぎ、その姿を見ながら育ってきたのである。それだけでなく、父の製作所に頻繁に出入りすることで、経営の知識も着実に身につけていた。メイは二十歳になる頃には、すでに熟練した刺繡家とデザイナーになっていた。

メイによるスケッチ（Mark Samuels Lasner Collection, University of Delaware Library, Museums and Press 所属）

第19章　メートン・アビー製作所

ハマースミスでの手織り製品がいよいよ軌道に乗り始めると、モリスは、手工芸の研究をさらに追求するため、ウィンブルドン近くの「メートン・アビー」に製作所を構えることにした。一八八一年のことであった。

「メートン・アビー」は元製紙工場で、織り機のために屋根を高くするなど多少手は加えなければならなかったが、モリスが必要としていた環境がほぼ全てそろっていた。七エーカーの敷地内に流れるワンドル河で布を洗えることも魅力的だった。これでようやく手織りの研究が本格的に始められる。勢いにのったモリスはこれを機に、一時中断していた染色実験を再開した。

モリスが最初に染色実験を始めたのは、一八七二年のことである。しかし、なかなか思い通りにいかず紆余曲折のさなかにあった。まだ仲間と「レッド・ハウス」を手がけていたとき、ジェーンがロンドンの店でたまたま見つけた、群青色の布を持ち帰ったことがあったのだが、自然の草木を使った天然染料によるその布の色は、深くて味わいがあった。

それからというもの、色違いで同じ布を購入して刺繡商品にしていたのだが、モリスは他の工芸品のように、布染色も自ら極めたいと思いはじめていた。しかし当時、天然素材を使って深い色をだす「自然染料」に関する知識のある専門家が少なく、モリスは実験に苦戦していた。

というのも世間では、十九世紀前半に編み出された、アニリンなどの「合成染料」を使った染色技術が主流となっていたのである。モリスにとってはその色味があまりにも不自然で、不快にしか感じられなかった。それに「合成染料」による製品は質が悪く、長い年月を経ると退色してしまうことが、どうしても許せなかった。

そのように染色には苦悩をし続けたモリスであったが、ある人との出会いが彼の運命を急変させた。その人物とは、「モリス商会」二人目のマネージャー、ジョージ・ウォードルの兄、トーマス・ウォードルだった。

彼は、シルクの染色や印刷の知識を兼ね備えた実業家である。もともとスタフォードシャー州のリークに製作所をもっていたが、「メートン・アビー」に移ると、モリスに染色技術を手ほどきしながら「モリス商会」のデザインの多くを印刷するようになった。

モリスがやがて「自然染料」を使った独自のレシピを考案し、自ら柄布を制作しはじめたのは、一八七六年になってからであった（ワードルも初期のモリス商品を引き続き印刷し続け、二人の友情は最後まで続いた）。モリスのレシピでは、青色にインディゴと大青、赤色にケルメス虫とコチニール、アカネ染料、黄色にポプラとコリヤナギ、カバ、エニシダ、クエルシトロン、そして茶色はクルミの根などが使われた。

当時、娘たちの勉強部屋には棚があり、そこには粉や穀物、怪しげな固形物などが詰まった瓶がぎっしりと並んでいた。まだ十歳だったメイは、それらに気を取られて勉強どころではなかったようである。二人には小さな染料セットが与えられたこともあったが、父の真似ごとをして実験をしたら「部屋中が悲惨なほどめちゃくちゃになった」という。何と贅沢で自由な子供時代だったのだろう。

さて、「メートン・アビー」の製作所では、絨毯をはじめとする織物、布地プリント、布染色、ステンドグラス、タペストリー織りなど、幅広い手工芸に携わった。一階では、織り機のリズミカルな音が途切れることなく鳴り響き、二階の印刷室からは、版木を布におろすトントンという心地の良い音が一日中聞こえていた。印刷の質を保つためには、室内の湿気を一定にしておく必要があり、そのために湿った布があちこちに干してあったり、ヤカンが火にかけられていた。

製作所は、ますます魅力的な工芸美術で満たされていった。メイは、新しく彩色されたステンドグラスが釜から出される瞬間や、絨毯ができあがるタイミングを見計らっては、喜び勇んで訪ねていった。そして、制作場の匂いや音を生涯忘れることがなかった。

ちょうどこの時期、「モリス商会」の商品として一つの壁紙が誕生している。それがスイカズラをモチーフにし、ベストセラーとなった「ハニーサックル」である。

生き生きと絡みながら上に伸びるツルのような枝と、濃淡二色で立体的に表現された艶やかな葉の間を、淡いプリムローズとローズピンクの花弁がまるで空気のように軽く浮遊する。あまりにもリアルで、独特のあの甘い香りが今にもこちらにただよってきそうなほどである。強くて大胆なアウトラインにこだわったモリスのデザインと比べると、明らかに柔らかくて繊細なデザインである。

これこそが、メイが初めてデザインを手がけた壁紙であった。彼女はたった八つの版木だけで「ハニーサックル」の花を見事に表現してみせたのである。鉛筆と水彩で描かれたメイの原画は、まるで精密画のように美しく、完成度が高い。それを見る限りでは、彼女がハニーサックルの花の特徴を熟知していたことが明確である。

メイのインスピレーションは、「メートン・アビー」に足を運ぶようになってから一気に開花したようであった。このような娘に期待を膨らませたモリスは、一八八五年、ジェーン宛てに一通の手紙を書いた。


「メイは、刺繍のデザインと監修に力を入れています。これは素晴らしいことです。彼女の作品は良いし、人が欲しがるようなものを作る覚悟があります。それに、本人もその過程を面白がっているようです」

それから間もなくしてメイは、「モリス商会」の刺繍部門の責任者に任命された。まだ二十三歳という若さであった。

メートン・アビーの2階にあった印刷室の様子
(Mark Samuels Lasner Collection, University of Delaware Library, Museums and Press 所属)

壁紙などのブロック・プリントはこのようにいくつかの版木を使って刷られた。アンステイ・ウォールペーパー社は現在もモリスの版木を保有する希少な会社
(© Anstey Wallpaper Co Ltd)

第20章　モリス商会の刺繍部門

モリスは少年の頃より、特に中世の壁掛けを尊敬していた。「モリス・マーシャル・フォークナー商会」によって最初に商品化された装飾美術が刺繍作品だったのは、その影響でもあるだろう。

歴史を振り返れば、刺繍という工芸品は紀元前から存在していたが、西洋において技術的にも芸術的にも全盛期といえるのは、ヨーロッパにキリスト教が浸透した中世である。当時は、信仰心の強い女性たちが教会に集い、祭服や教会の祭壇飾りなどに刺繍を施していた。彼女たちにとっては、一針一針と丹精込めて針を通していくという行動そのものが信仰だった。そして、キリストの教えを広めると同時に、様々な刺繍技法を何世紀にも渡り伝授してきたのである。

しかし、十六世紀に宗教改革が起こり、彫刻やステンドグラスなど、カトリック色が強すぎると思われた装飾品が大量に破壊されると、華やかな刺繍も同じように標的にされてしまった。悲しいのは、それから刺繍技術を伝える者も消滅していったことである。イギリス独特の刺繍である「オーパス・アングリカーナム」は、ヨーロッパで先駆けとなり、各地で多大なる影響を与えたが、伝統的なこの技術さえも消え去ってしまった。

実はモリスが、建築家のストリートに弟子入りしていた一八五〇年代、イギリスでは「ベルリン・ウールワーク」という刺繡が人気を博していた。主に羊毛を使い、キャンバス布にクロスステッチやテントステッチなどのシングルステッチで刺していく「ベルリン・ウールワーク」は、全体的にボテっとした質感の刺繡である。

ストリートはこの「ベルリン・ウールワーク」を毛嫌いした。そして、繊細で慎み深い中世の刺繡技術「オーパス・アングリカーナム」を復活させることにますます熱心になった。このようなストリートの理論を受け継いだモリスは、ステンドグラスや刺繡をはじめとする中世の伝統工芸を自己流に研究したのである。研究熱心なのはジェーンも同じで、二人は、中世の刺繡を学ぶためであれば、貴重なアンティークの刺繡布を解体することも厭わなかった。様々な刺繡技術を習得するためには、努力を惜しまなかった。

そのような中で「モリス・マーシャル・フォークナー商会」が創立されたのだが、当時は正式な刺繡部門というものはなく、フォークナー家の姉妹やバーン゠ジョーンズ夫人など、友人や家族の力を頼っていた。とはいえ、彼らに専門的な刺繡の知識があったわけではなく、モリスから指導を受けながら経験を積むような感じであった。

このように、最初は手探りで始まった刺繡であったが、「モリス商会」として独立したことをきっかけに、正式な刺繡部門が設立されたのである。そして、その頃には刺繡の腕も上級となっていたジェーンとベッシーの姉妹が、刺繡部門の責任者として任務していた。二人の仕事は、従業員を技術指導するだけでなく、パターンや素材のストック管理、会社の会計などにも及んだ。

その役割をメイが引き継ぐことになったのは、いたって自然な流れだったのだろう。彼女は「トレーニングスクール」で優等生だったというだけでなく、ビジネスに対する認識も持っていたのである。何よりも、モリスをはじめ、ジェーンとベッシーの負担が少なくなるため、家族みながこの決定を歓迎した。


一方、「オックスフォード・ストリート」のショールームはますます繁盛しており、敷物やクッション、壁掛け、つい立てをはじめ、バッグや椅子カバー、テーブルクロスなど、以前にもまして幅広い商品を取り扱いはじめていた。メイは、刺繡部門の責任者となってから最初の数年間は、ハマースミスの実家「ケルムスコット・ハウス」を拠点に、膨大な量の刺繡をデザインしていた。

しかし、そこにメイの個性はほとんど見られない。「モリス商会」の商品は、あくまでもモリスのデザインということが売りで、顧客もそれを求めていたことをメイは承知していたのである。逆に、自身によるデザインや色使いが「ウィリアム・モリス」というブランドを傷つけていないか、常に気にしていたほどであった。

それでもメイがすでに示していた才能と個性を考えれば、「メイ・モリス」の作品として知られたいという気持ちが、どこかでくすぶっていたと考えるのが普通ではないだろうか。

23歳のメイ
(©William Morris Gallery, London Borough of Waltham Forest, 1886)

第七部　社会主義

第21章　社会主義同盟

ある日の晩のこと。どこからともなく、威圧的な雰囲気の男たちがハマースミスに現れた。彼らはぞろぞろと連なって、「ケルムスコット・ハウス」のコーチハウスに消えていった。コーチハウスにあった織り機は全て「メートン・アビー」に移動されており、そこは空のはずである。友人に自宅を解放することは、確かに「レッド・ハウス」から続くモリス家の伝統であるが、今回は明らかに違う雰囲気であった。

一九世紀も後半になると、ヨーロッパ中が革命で混沌としはじめていた。モリスは「東方問題協会」の結成大会がきっかけで、自ら社会主義者だと宣言し、そして一八八四年、いよいよイギリス初の社会主義団体「社会民主連盟（ＳＤＦ）」に入団した。

「ＳＤＦ」は極左の連合である。彼らはマルクス主義の信条を受け継いでいただけでなく、資産家などが労働者から利益を得る社会構造を革命的に崩壊させることを目標に掲げていた。当時五十歳のモリスは裕福な雇用者であり、どちらかというと「ＳＤＦ」から標的にされる立場だったが、資本主義によって破壊された社会的平等を取り戻すという思想の根本は（少なくとも当初は）「ＳＤＦ」と同じだった。

特にモリスは、スラム街ともいわれたハマースミスに移ってからは、自分がいかに幸運な立場にいるかを思い知らされていた。低賃金で働きながら、汚染まみれのみすぼらしい家に住んでいる労働者のことを知っており、自分に罪悪感を感じていた。モリスにとっての手工芸美術とは、ただ単に良質なものを作って終わりではなく、社会環境の改善も欠かせない要素の一つだった。

しかし、モリスが「ＳＤＦ」に入団したのは、他に社会主義団体がなかったからでもあったようである。やがて、「ＳＤＦ」の発起人であるヘンリー・ハインドマンとモリスの間に齟齬が生じるようになったのは無理もなかった。というのも、ハインドマンの野望は、連合の名のもと議会政党に転ずることであったが、モリスは、階級や国籍による差別をなくすための教育や地域活動など、もっと身近な活動を目標としていたのである。

そこでモリスは、「ＳＤＦ」を離脱すると、共鳴してくれる仲間と新たに「社会主義同盟《ソーシャリスト・リーグ》」を結成した。一八八五年のことであった。

その仲間の一人にアーネスト・ベルフォート・バックスがいた。彼は男性の権利を主張する数少ない哲学者であったが、反議会を唱える者としてモリスに信頼されていた。

モリスはバックスと共に、万人平等である「利益共同体社会《コモンウェルス》」を目標に掲げた。そして社会を根本から変革すると宣言し、同盟のための月刊誌を新たに創刊した。利益共同体社会という意味から「コモンウィール」と名付けられた月刊誌では、モリスが編集を担当し、後の代表作となる「ユートピア便り」などを発表した。

当時のメイは、このバックスと父の奇妙な関係に興味津々であった。ドイツ人のバックスは、ずんぐりむっくりの父とは全く正反対の好青年で、二人には似通ったところが一つもなかったが、一方で極端に類似したところもあり、社会活動を通した彼らの友情は深かった。

しかし、そのような「社会主義同盟」内にも亀裂が生じていく。一部で無政府主義が力を増し始めていたのである。やがて、バックスなどの信頼する同志が脱会してしまうと、さすがのモリスも焦燥した。

モリスは、社会主義という一括りにこだわってはいなかった。あくまで社会改良論さえあればよかったのである。たとえ行き着く先が同一線上にある共産主義だったとしても、おそらく構わなかったが、暴走を嫌っており、無政府主義とは一線を画していた。

そこで「社会主義同盟」のハマースミス支部を立ち上げると、その会合のために自宅のコーチハウスを解放しはじめた。

それからというもの、穏やかだったモリス家の日曜日が一転してしまった。一八八四年から一八九六年にかけて、ファリングドン・ロードにあった「社会主義同盟」本部と同じように、コーチハウスでもほぼ毎週のように集会が行われていた。そこに集まったのは「社会主義同盟」だけでなく、「SDF」や「フェビアン協会」、「キリスト教社会主義」など、さまざまな社会主義団体に所属する人たちであった。

集会ではゲストスピーカーによる講演から始まり、そして食事会へと続くのが通常であった。同じ社会主義でも、目標や信条がそれぞれ微妙に異なる彼らにとって、食事会は貴重な討論の場だった。

当時は、多くの政治難民がヨーロッパからロンドンに吸い寄せられるように集まってきており、ゲストスピーカーの確保には困らなかったようである。コーチハウスで最も多く講演をしたのはモリスであったというが、セルゲイ・クラフチンスキーやピョートル・クロポトキンなど、社会主義者として歴史に名を残した人物ほぼ全員が、一度はコーチハウスに出向いて講演をしている。

一八九六年になると、モリスはコーチハウスから抜け出し、講演をしながら地方を廻ったり、野外集会に出向いては民衆を前に熱弁するようになっていた。

しかし、モリスはもともと外交的ではなく、話術に長けているわけでもない。人前に出ることが最初は苦痛でしかなかったが、とにかく利己主義で圧制的な資本制に反発し、労働者を解放するという責任感に突き動かされていた。そして、一年間で百以上の講演をこなし、多い時には一日に三回もの講演をすることさえあった。時には身の危険も顧みず、街の革命的なデモ活動や反対運動にも積極的に参加した挙句、逮捕されることもあった。

このように、一八八〇年代のモリスは政治活動に積極的であったが、自分のイデオロギーを妻や娘に強要するようなことはなかった。ジェーンは政治的な意見は持っていたとしても、夫の活動には一切関わらなかった。選挙権すらなかった女性に、政治活動に関わる意味がなかったこともあるだろうが、それでもモリスは、野外集会に娘たちを同伴することはあった。そして「娘たちは、私と私の人生の目標に対して非常に共感してくれた」と嬉しそうに語った。

当時二十歳そこそこのメイに、モリスと同じような強力な信念があったとは言い切れない。しかし、民衆を前に熱心に演説をする父の誇り高い姿と、人々の熱い思いが充満した会場の雰囲気はメイを奮い立たせただろう。

なにしろ一八八〇年代のロンドンは超不景気で、失業者数が急増しており、いつ暴動が起きてもおかしくないような情勢だったのである。そうした時代相のなか、社会主義のような思想がますます存在感を高めていた。

そのような時代において「モリス商会」の刺繍部門を統括しはじめたメイである。父と同じように、優れた手工芸と芸術を広めていくという信念が、彼女の中で強くなっていた。

社会主義同盟ハマースミス支部の面々。最前列左から３番目がメイ
(Mark Samuels Lasner Collection, University of Delaware Library, Museums and Press 所属)

第22章　女性活動家たち

モリスが「社会主義同盟」を立ち上げた際、政治的な活動は一般的に男性中心であった。若い女性は同伴なしで外出さえ許されない時代である。女性が、政治的活動に欠かせない街頭演説や、野外集会、新聞やパンフレットの路上販売などを公に行うことなど、到底考えられないことであった。しかし、左翼として重要な役割を担った数少ない女性メンバーもいた。それが、アニー・ベサントやエリノア・マルクスなどである。彼女たちには、女性の権利など殆どない時代に立ち向かっていく、頑固とした決意があった。中でもエリノアは、カール・マルクスの末娘として十代の頃からすでに政治に深く関わり、十六歳になってからは父の秘書として世界中を旅するなど、政治と共に人生を歩んできた女性であった。一八七一年の「パリ・コミューン（パリ市民による労働者政権のための革命）」では、強制送還される危険をおかしながら偽のパスポートでフランスへ出向くことも厭わなかった。

このようにエリノアは、中流階級の家庭で何一つ不自由なく育ったメイとは覚悟の度合いが比べ物にならなかったが、メイは、社会主義に尽くすために努力を惜しまないエリノアの反骨精神に憧れてしまった。メイにとってエリノアは「自分とは比べ物にならないほどの頭脳の持ち主でありながら、誠実でつつましく、尊敬に値する女性」だったのである。女性活動家たちの存在に刺激を受けたメイは、負けじとゲストスピーカーをアレンジしたり、集会をまとめていくようになっていった。

そのようなメイの姿にメディアは衝撃を受け、「（モリス）の『可愛らしい娘』が『過激な社会主義者』になった」と立て続けに書き綴った。メイは世間の反応に多少戸惑いながらも、プロパガンダのための歌会や、子供たちを巻き込んだピクニックなどを精力的に企画して資金調達に勤しんだ。

一八八四年のある晩のこと。ハマースミスのコーチハウスでは、いつものように同盟のためのイベントが開催されていた。「アートの晩」と称されたこの日のイベントでは、モリスが朗読を披露し、エリノアとエドワード・エイヴリング（エリノアの内縁の夫）が舞台を演じた。また、ジョージ・バーナード・ショーもやってきて、得意のピアノを演奏した。

ショーは今でこそ著名であるが、当時はまだ二十七歳で、未出版の本を四冊も抱えた売れない作家であった。そして、実家で母と暮らしながら、新聞などに寄稿することで何とか生計を立てていた。しかし彼のユーモアのセンスと、挑発的なスピーチはハマースミスで人気で、辛辣な劇評論家としては定評があった。

その晩のイベントが終わると、ショーをはじめとする客人たちは玄関先で列をなしてモリスにお別れを告げていた。

そのときである。玄関ホールに可愛らしいドレスを身につけた、若い女性が現れた。ショーの目はその女性に釘付けになった。女性もその「何やら褐色の口髭を生やし、瘦せこけて青白い顔をしたアイルランドの若者」を見返した。

これがメイと、六歳年上のショーとの出会いである。二人はすぐに意気投合し、それから二年の間に数えきれないほどの手紙を交わしあった。メイは、ショーから手紙を受け取るたびに、彼の知的な文章にますます惹かれていった。ショーもまた、刺繡家としてのメイの才能を崇拝していた。

実はショーは「フェビアン協会」のメンバーであった。「フェビアン協会」とは、労働者階級による協会（現在も労働党と関係する団体）で、イギリス議会を通した漸次的な変化を求めていた。つまり同じ社会主義でも、教育への貢献が唯一の解決策だと考えていたモリスの「社会主義同盟」とは対立していたのである。

そのためメイとショーの間では、政治的な意見の相違でぶつかり合うことも度々あったが、聡明な二人は口論でさえも爽快なものにした。二人の手紙は常に冗談で埋め尽くされていたが、それは実は隠れ蓑で、まるで二人だけにしか通じない秘密の恋文のようであった。やがてショーは、メイを「フェビアン協会」に誘ったり、劇場や展覧会などに連れ出すようになった。

しかしショーがメイに与えたのは、何よりも「自信」であろう。「社会主義同盟」はますます存在感を示すようになっており、一八八五年一月にはロンドンの「ラドブローク・ホール」にて、初めて労働者や貧困増向けのイベントを開催した。その余興の一つに、三部作の戯曲「アローン」があったのだが、メイはそこで演技を初披露したのである。エリノアやエイヴリング、ショーとの共演であった。

このときのメイに対する劇評は辛口であったようだが、それにもめげなかったのは、ショーの存在によるものだろう。彼に後押しされたメイは、場数を踏みながら演技に習熟していった。そして一年後には、ヘンリック・イプセン（ノルウェーの作家）による戯曲「人形の家」が上演され、メイはリンデ夫人（主人公ノーラの友人）役を立派に演じた。

この「人形の家」は、裕福な銀行員の夫と二人の子供に恵まれ、何不自由なかった女性ノーラがある事件をきっかけに本当の自分に目覚め、全てを投げ捨てて家を出ていく話である。十九世紀における典型的な男女の役割に疑問を投げかけたこの作品は不道徳とされ、公的に演じることが禁じられていた。

これは、女性が声をあげて権利を主張することを、世の中が恐れていた証でもあるだろう。エリノアやメイのように、実際に自立した女性によって演じられた「人形の家」は、それだけで説得力があったに違いない。メイによる「人形の家」はヨーロッパ中を震撼させたようである。

このように、会で演じられる戯曲は全て社会主義に対するプロパガンダであり、政治的なメッセージが必ず込められていたが、メイは演じることを純粋に楽しんでいたようである。これもショーの影響であろう。

一八八五年は二人にとって蜜月の年であった。メイはショーのことを「音楽に対する個性的なアイデアをもち、パーシー・シェリー（イギリスの詩人）や、この世のありとあらゆるものを情け容赦なく知的に論じる」と褒め称えた。社会活動をきっかけに育まれた二人の仲はやがて公となり、結婚も時間の問題のように思われた。

しかしショーは、経済的な理屈を並べてはメイを焦らし続けた。彼はプレイボーイで、自分より遥かに年上の未亡人ジェニー・ペイターソンとも関係をもち、数々の女性とも浮名を流していた。彼にとって結婚とは、全く考えられないことだったのである。

メイはそんなショーに向かって「陰で笑い物にされるのは我慢がなりません」と言い放ったこともあったが、悲しいことに、彼に対するメイの気持ちはますます高まるばかりであった。

第23章　ジョージ・バーナード・ショー

そのころ東ロンドンでは、民衆がますます不満を募らせていた。国に流れ込んできた移民によって、失業者数が急増していたのである。

一八八六年二月八日。人々は「トルファルガー・スクエア」に集まると、様々な社会主義団体の代表者による演説に耳を傾けた。八千人にものぼる民衆の前で演説をしたのは、「自由党」のジョン・バーンズ、「SDF」のハインドマン、「社会主義同盟」のエイヴリング、「キリスト教社会主義」のスチュアート・ヘッドラム牧師、「フェビアン協会」のショーなどであった。

彼らの演説に高揚した民衆は、やがてハイド・パークに向かって行進をしはじめた。著名な高級紳士クラブが軒を連ねるセント・ジェームズ通りにさしかかると、「リフォーム・クラブ」や「カールトン・クラブ」の窓から、罵倒と共にブラシや靴などが飛んできた。デモ隊はそれに対応して路上の石を投げ返した。暴動は瞬く間にエスカレートし、被害は街の店にまで及んだ。

これが有名な「トルファルガー・スクエア騒動」である。このような労働運動は、海を渡ったシカゴでも活発化し、やがて「ヘイマーケット事件」へと発展した。

モリスは活動家であったかもしれないが、こういった暴動には決して賛成しなかった。この日はメイも「トルファルガー・スクエア」にいたが、常日頃から「トラブルには巻き込まれない」と約束した上で集会に顔を出すことが許されていたため、脇の方で騒動を見守っていただけであった。メイはこの「狂気の暴動」を、いったいどのような気持ちで受け止めていただろうか。

その騒動から数日後、ヴァレンタイン・デーの日のことである。ショーのもとに一枚の美しいカードが届いた。そこにはある男性が模写されていた。その横顔はショーの特徴をよく捉えており、明らかにショー当人であった。

カードに差出人の名前はなかったが、送り主は明らかであった。バーン＝ジョーンズやJ・M・ストラドウィックなどの作品を好み、「ザ・ゴールデン・ステアーズ（メイをモデルとしたバーン＝ジョーンズの作品）」を所有していること、そして、音楽評論家として戯曲を愛するショーのことをよく知る人物である。そのような女性は一人しかいない。

ショーはとぼけて、メイに手紙を送った。

「見事なヴァレンタイン・カードを受け取りました」

メイもまた負けてはおらず、こう切り返した。

「その素晴らしいヴァレンタイン・カードについて今度ぜひお聞かせください。ジョージ・バーナード・ショーの救い難い容姿を描くとは、どれほど大胆な女性なのでしょう」

二人の息はまさにぴったりであるが、ショーに失望する気持ちを抑え、このようにおどけて切り返すメイが、どことなく痛々しい。

この時期、一八八六年から一八八七年にかけてのイギリスは、特に大混乱していた。民衆は様々な権利を求めて闘志を燃やし、その度に暴動を起こした。このような時に共通するのは、「労働者」対「警官」という構図である。とうとうデモ隊に初めての犠牲者がでてしまった。

そのことに心を痛めたモリスは、犠牲者の葬儀に出席し、自ら棺の担ぎ役を引き受けた。そして、この経験をもとに「テーブルが裏返るか、ナプキンが目覚めるか（The Table Turned; or, Nupkins Awakened)」という戯曲を創作した。

この舞台でメイは、三枚のパンを盗んだ罪で投獄される労働者の妻役を演じた。舞台は、出演者全員による無骨な歌で幕を閉じたが、そのときメイは、習い始めたばかりのギターを初披露した。他の演者は全員男性だったというから、彼女の存在は観客に強烈な印象を与えただろう。ある雑誌は「メイ・モリスは、ギターを持って心地よく歌い、優雅に演じてみせた」と好評した。

この「テーブルが裏返るか」で、ある男性が一役務めていた。それは「社会主義同盟」で秘書官をしていたヘンリー・ハリデイ・スパーリングである。

スパーリングとメイは、この共演を機に急接近した。そして、メイがショーに送ったヴァレンタイン・カードの絵の具が乾かぬうちに、なんと婚約を発表したのである。一八八七年の春のことであった。

あの美しいヴァレンタイン・カードは、ショーとメイがいかに通じ合っているかをはっきりと証明したが、しかし皮肉にも、メイにとって気持ちを切り替える「切り札」にもなってしまったようであった。

バーン＝ジョーンズによるザ・ゴールデン・ステアーズ（The Golden Stairs）のドローイング

第八部

ハマースミス

第24章　スパーリング夫人として

一八八〇年代後半はメイにとって、最もバイタリティあふれる時代であった。「モリス商会」で刺繡部門を管理しながら、一方で「社会主義同盟」のためにも積極的な活動を怠らなかったのである。生まれて初めての講演を依頼されたのもこの時期であった。しかしその内容は驚くことに、刺繡のことでも「アーツ&クラフツ」のことでもなく、社会主義に関してであった。

メイはそれまで、父の演説は何度も聞いていたものの、自ら人前で講演をしたことがなかった。実は「社会主義同盟」は、メイをはじめとするメンバーに対して、人前で話す訓練をしていたのだが、講演では一定の時間一人で観客をひきつけ、彼らを説得する力とカリスマ性がなければならない。戯曲通りに演じる舞台とはまた訳が違った。

緊張を隠せなかったメイは、ショーに同伴を哀願した。依頼主である「サイデナム女性討論協会」には男性禁止というポリシーがあり、その願いは叶わなかったが、それでもメイには、社会主義の信義を広めるために一人で虎穴に入っていく覚悟ができあがっていた。

しかし、このときメイが頼りにしたのが、婚約者のスパーリングではなく、ショーであったことがなんとも不自然である。これは、ショーに対するメイの気持ちが全くかわっていないか、または単純にスパーリングでは頼りないと感じたのか、どちらかであろう。

なにしろ、スパーリングの頼りなさはモリス家にも周知のことで、メイの祖母（モリスの母）でさえ彼のことを「気質がよく穏やかそうで、幼いと思えるほど若い紳士だが、あまり強そうには思えず、メイが家庭を牛耳ることになるだろう」と言ったほどであった。

一方のショーはスパーリングのことを、「勇敢で、親切で、誠実で、自分が興味を持つ分野には知性を発揮するが、見栄っ張りであることに自覚がなく、彼のことをよく知らない人間に無駄な期待をさせる男」だと言い、そのような男はメイには釣り合わないと、怒りを隠さなかった。

スパーリングに関しては、父親が農夫だったことくらいしか今でもわかっていない。エセックス州の片田舎からロンドンにやってきて、ショーと同じようにジャーナリズムで細々と食いつなぎながら、一八七八年頃からは社会主義者として講演をするようになっていた。モリスと知り合ったのも「社会主義同盟」を通じてであった。モリスは困窮するスパーリングを、他の若者と同じように受け入れ、同盟のための会報誌「コモンウィール」の編集を手伝ってもらっていた。

しかし彼には特別秀でた文才はなく、ショーのようなカリスマ性もなかった。野暮ったいメガネをかけていて、常に猫背で自信がなさそうにみえた。ショーはスパーリングのことを「まるでシャンペンボトルのような撫で肩に鶴首が乗っかったようなひょろっとした体型で、運動神経がなく未熟な男」などと茶化した。

それでも社会主義精神には熱心で、一八八六年の「トルファルガー・スクエア」の集会のような野外講演では説得力のあるスピーチをしたというが、仕事がない時などは、用もないのに大英博物館をフラついているという噂もあった。そのように頼りのないスパーリングであったから、メイの両親を含めて二人の婚約を手放しで喜んだ人はいなかった。

しかしメイは、もう二十代半ばという年頃だったのである。同世代の友人たちはみな、続々と良縁に恵まれて結婚しはじめていた。メイは決して典型的な中流階級の女性ではなかったが、それでも結婚を焦る気持ちはあっただろうし、病気の姉ジェニーのことが頭から離れなかったこともあるだろう。いずれ自分も発症するのではないかと常に恐れ、たとえ良縁に恵まれたとしても、家族にてんかん患者がいることが結婚の妨げになると信じていたところがあった。

ジェーンはそのような娘のことを心配して、ウィルフリッド・ブラントに手紙を送り続けた。ブラントは、ロセッティが亡くなった翌年の一八八三年に「ナワース城」で出会った作家で、ジェーンにとって最後の浮気相手となった人物である。

ブラントは、ロセッティの作品にインスピレーションを与えた女性に興味を抱き、ロセッティを真似てか、ジェーンに愛の詩を贈り続けた。ロセッティに負けず劣らずお調子者で、メイでさえも彼のことを「利己主義でうぬぼれ屋」だといったが、それでもロセッティを亡くしたばかりのジェーンには貴重な心の拠り所になったのだろう。

それにジェニーの症状も急激に悪化しており、養生に適しているといわれた西中部地方の温泉街マルヴァーンに送ったばかりだった。病気の娘を遠くにやるということは、母として至極辛い決断だっただろうし、加えて、もう一人の娘の結婚も頭痛の種だったのである。それまでメイがショーと交わしてきた知的な会話を考えると、相手がスパーリングでは明らかに物足りないはずであった。ジェーンは、娘が自分と同じ過ちを犯そうとしていると思えて仕方がなかった。


このように、皆が不安視したスパーリングであったが、それでもショーと決別して傷をおったメイの心を癒したようである。実際にメイは、まるでスパーリングを庇うかのように「私たちは最も明るくて実体のない雲の中の二人」だと表現した。そして、せめてスパーリングの収入が安定するまで結婚を待つつもりだったが、そのうち覚悟を決めたかのように自ら節約料理を学び、低収入で結婚生活を始める準備をし始めていた。

そのような健気な娘の姿をみたジェーンは、余計に嘆き、母としての苦悩をブラントへの手紙に率直に書いた。

「あの子はまだ結婚しませんが、恐ろしい式が執り行われるのは時間の問題でしょう。あの子とそんな風に別れるのは嫌だとはっきり申し上げてもいいと思っています」

第25章　アーツ&クラフツ展覧会協会

そのように、あまりパッとしないスパーリングだったが、一八八七年に出版したアイルランドの歌詞集『アイルランドの吟遊詩人』は唯一成功したようである。翌年には第二版も発行され、その表紙デザインをメイが担当した。これが二人にとって初めての共同作業となったのである。それまで二人をつなげてきたのが社会主義活動だけだったことを思えば、この時のメイは、夫となる人と共に歌詞集を作りながら、充実した時間を過ごしたのではないだろうか。

メイには「書物デザイン」に対する特別な関心があった。何しろ、詩人であり造本の研究を続ける父の姿をみながら育ち、膨大な数の書物が並ぶ彼の図書室に入り浸っていたのである。それだけでなく、植物学者ジョン・ジェラードによる『ジェラードの本草書』の一六三三年版をはじめとする貴重な古書まで父から与えてもらっていた。

八歳の時に製作した『ナワース城への旅日記』の装幀でもそうであったが、メイは特に、文字デザインで才能を発揮した。スパーリングと共に『アイルランドの吟遊詩人』を完成させた後も、ショー編集の『フェビアン・エッセイ』をウォルター・クレインと共同制作したり、自著『装飾としての裁縫（Decorative Needlework）』を製本するなど、出版の世界に精力的に関わった。

さて、このような書物デザインや印刷、製本などは、建築やデザインと並び、「アーツ＆クラフツ」運動にとって重要な分野である。この「アーツ＆クラフツ」という言葉は、今でこそモリスの代名詞のように使われるが、実は最初は漠然としたアイデアでしかなかった。

十九世紀のイギリスにおける建築やデザインは、とにかく流動的だった。そして、ピュージンやラスキンなどの倫理に影響を受けたモリスなどの若い世代は、独創力がありながらも凝りすぎるヴィクトリア朝の気質や、産業革命が社会に及ぼした悪影響に反発した。

何よりもモリスは「人間の根本にある良質の物を作るという欲望を満たせば、生活の質は向上する」と信じていた。その上で、人間の原点は自然にあるとし、デザインのモチーフに動植物などを取り入れたのである。

このようなモリスの訴えはロンドンでじりじりと力を増し、多くの芸術家たちによって賛同されるようになり、やがてマンチェスターやリバプール、シェフィールドからスコットランドのエジンバラやグラスゴーにまで広がっていった。つまり「アーツ＆クラフツ」運動とは、一八五〇年から六十年代に生まれた世代がモリスのアイデアを進展させたものであったのだが、「アーツ＆クラフツ」という言葉が実際に使われるようになったのは、実は一八八八年になってからであった。

その名付け親は、もと弁護士のトーマス・コブデン＝サンダーソンである。なぜ芸術とは無縁であった弁護士が、これほど世界中で知れ渡る言葉を生み出したのか。きっかけは、ハマースミスのモリス邸に招待されたあの日であった。

「製本のような芸術は、この小さなコミュニティーにとってプラスになり、モリス商会ともうまくやっていけるでしょう。書物のために貢献できるのであれば、貴方のためにも刺繍をいたします」

コブデン＝サンダーソンは、隣に座ったジェーンからこう言われると、まるで魔法にかかったかのように法律事務所を諦め、ハマースミスのアッパー・モール十五番に製本所を開いてしまったのである。一八八四年のことであった。

モリス家の説得に平伏したのは、コブデン＝サンダーソンだけではなかった。その頃ハマースミスのテムズ河沿いにはすでに、ラファエル前派や画家をはじめ、印刷屋、タイポグラファー、製本家、陶芸家、彫刻家、金属細工師など、国を代表する芸術家や工芸家が軒を連ね始めていたのである。中には金属細工師のウィリアム・ベンソン、ラファエル前派のF・G・スティーヴンズやデザイナーのエリック・ジルなども移り住んでいた。つまりジェーンがコブデン＝サンダーソンに訴えた「小さなコミュニティー」は、すでに出来上がっていたのである。モリス家の影響力はそれほど偉大であった。

コブデン゠サンダーソンはこのコミュニティーを、「アーツ＆クラフツ展覧会協会」と呼ぶことと提案した。それから「アーツ＆クラフツ」という言葉が定着したのである。

この「アーツ＆クラフツ」の若い芸術家たちは、自分たちの意向や感性は共有したのだが、その趣旨は人それぞれ異なっていた。そしてそれは、年月を経て変化をとげた。そのため、豪華な装飾でカラフルな装飾もあれば、極めてシンプルなものも存在するというように、「アーツ＆クラフツ」に統一的な様式があるわけではない。

共通するのは、素材や技術を厳選した手工芸であること、そして、動植物をテーマにした機能的なデザインということである。さらに、次世代に受け継ぐための教育を持続させ、環境保存に力を注ぎ、職場環境の改善を目標とした。これは現在も人々の関心をひきつける永遠のテーマだといえよう。

一八八八年、初の「アーツ＆クラフツ展覧会」がリージェント・ストリートのニュー・ギャラリーで開催された。

今も昔も、芸術家や工芸家にとって、作品を定期的に発表する展示会は仕事のうちである。しかし十九世紀のイギリスでは、建築家や画家、彫刻家などは「大芸術」とされ、「ロイヤル・アカデミー」などの強力な組織によって展示の機会が与えられていた反面、「小芸術」といわれる装飾美術には作品を発表する場がなく、仕事を得る機会にも恵まれていなかった。

そのような装飾美術家にとって、一八五一年に開催された「ロンドン博覧会」は貴重な展示場となったのは事実だが、彼らが本当に必要としていたのは定期的に作品を発表できる場であった。コブデン＝サンダーソンによって提案された「アーツ＆クラフツ展覧会」は、そのように不利な立場にあった装飾美術の地位を確立するという、新たな野望でもあった。

実はメイも、この展覧会に「愛さえあれば（Love Is Enough）」というモリスによる詩集の表紙を出展している。「愛さえあれば」は、幼い頃に父から朗読してもらってから虜になり、特別な思い入れのある詩集である。

メイにとって、おそらく初めて制作した刺繍製本となったが、最初にデザイン画をおこしてから完成までに二年もかかっており、展覧会に出展できたのは試作段階の作品でしかなかった。しかし、限られた展示スペースを無駄にしたくなかったモリスから、「展覧会で自分用の出品スペースが欲しいですか？　それでなければ誰かに譲りましょう」とせっつかれたらメイでなくても慌てるだろう。

メイは展覧会が終わっても「愛さえあれば」の制作を続けたが、作業を進めるにつれて作品に対する愛情は深くなるばかりであった。出版者であるフレデリック・スタートリッジ・エリスに完成品を渡すとき、メイはこういった。

「この表紙を愛おしく思うようになりましたが、完成して非常に安堵しています」

「愛さえあれば」はその後、コブデン＝サンダーソンに渡され、美しく製本された。

「アーツ＆クラフツ展覧会」は成功を収め、第一次世界大戦が勃発するまで毎年のように開催されるようになった。メイは表立って先導したわけではなかったが、ほぼ毎回出品することで貢献し、協会の中心的な存在となっていった。

第26章　ハマースミス・テラス

「ちょうどメイが電話をしてきましたが、以前よりも前向きな様子でしたので、彼女なりに幸せなのだと望むしかありません」

ジェーンは、友人である画家、ウィリアム・ベル・スコットへ手紙を送った。

一八九〇年六月一四日。メイとスパーリングは、三年という長い婚約期間を経てようやく結婚式をあげた。ジェニーは症状が悪化していたが、母と共に「ケルムスコット・マナー」から駆けつけ、結婚証明書に証人として署名をすることができたようである。

しかし式は、ハマースミスからほど近いフラムの登記所で行われたもので、決して幸福に満ちあふれた華やかなものではなかった。家族が待たされた部屋も、まるで独房のように陰気で、ジェーンは「式自体が悪夢のようだ」と嘆いた。本当に愛した人と結婚しなかった自分の姿とメイの姿を重ねていたこともあったが、ジェーンにとって一番の心配の種は、なんといってもスパーリングに安定した収入がないことだった。

ところがそのような周りの心配をよそに、メイはそれなりに幸せだったようである。モリスが発行する同盟のための月刊誌（反響のよさに後に週刊誌となった）「コモンウィール」では、スパーリングが副編集長を務めており、メイも、フランスとスペインなどを主としたヨーロッパの国際情勢に関する記事を担当していた。そのために習い始めたフランス語の授業にはスパーリングも一緒だったという。

二人には、メイとショーの間に存在した情熱的な愛はなかったかもしれない。しかし少なくとも、社会主義への使命感という絆で結ばれていた。特にメイは、社会主義の同胞たちに慕われていた。結婚祝いとして彼らから贈られた『ウォルター・スコット文学集』には、このようなメッセージが添えられていた。

「出せる限りの強さをもって、私たちのために行動を起こしてくれたあなたは、私たちと共に生き、慕われてきました」

さて、結婚式を終えた二人は、そのままオックスフォードの「ケルムスコット・マナー」で短いハニームーンを過ごし、実家の「ケルムスコット・ハウス」から徒歩数分という「ハマースミス・テラス八番」に住み始めた。

「ハマースミス・テラス」はテムズ河に面した通りで、一七七〇年頃に建てられたジョージアン様式のテラスハウスが十七軒連なる美しい住宅街である。メイは、繁栄していた「モリス商会」の刺繡部門もそこに移動させた。

実はメイが刺繡部門で正式に働きはじめたとき、ジェーンやジェニーと共に、外部の針子をそのまま受け継いで雇用した。当時どれほど忙しかったか詳細は明らかになっていないが、さらなる人手が必要となるほど注文を受けるようになると、身近な知人も針子として雇うようになっていったようである。その一人がリリー・イェイツという女性であった。

リリーは、今ではアイルランドを代表する詩人として知られるW.B.イェイツの妹である。父は才能ある芸術家だったが、一家の生活は常に困窮していた。そのことを知ったモリスは、リリーを刺繡部門に誘ったのである。

彼女の指導役はメイであった。当時の刺繡作業は、まだ「ケルムスコット・ハウス」で行なわれており、リリーはモリス一家と共に食事をしたり、モリスの「大変興味深い」友人たちと共に過ごすなど、従業員としてははっきりと区別されてはいなかったようである。

しかし、リリーのように、権利の限られていた当時の若い女性にとって、技術を学びながら自力で稼ぐ機会を与えてくれる「モリス商会」は、夢のような存在であった。やがて、メイと同年代のフローレンス・ファーやノーマ・ボースウィック、ユーフォロサイン・ステファンの三人も刺繡部門に加わった。

ところが、針子が増えるにつれて、実家ではさすがに手狭になってきていた。この頃までには、刺繡以外のほぼ全ての部門が「メートン・アビー」に移っていたが、刺繡の指導のためにそこまで通うことは、メイにとってあまり現実的ではなかった。

そこで、「ケルムスコット・ハウス」から徒歩二十分ほどのイフリー・ロードに刺繡部門を移動させた。三部屋を間借りして、それぞれの部屋を作業用、刺繡用、収納用とした。リリーによると、そこは、「ハマースミスの目抜き通りから少し入ったスラムな通りにある八百屋の上で、おんぼろな部屋」だった。あまりのひどさで、モリスが「メイ、ここに穴があいてますよ！　穴が！」と叫びながら階段をのぼってきたこともあった。

確かにイフリー・ロードはひどいところだったかもしれないが、刺繡部門としては繁栄しており、そこから素晴らしい作品の数々が世に送り出されていた。そして、正規雇用の針子を四人も抱えていながらも、常に人手が足りないような忙しさだった。

やがてメイは、地元の学校などからも弟子を受け入れ始めた。彼らを指導したのは、誰よりも先に経験を積んだリリー・イェイツであった。メイは、伝統工芸を後の世代に伝えていくという父の信念を確実に受け継いでいた。

第27章　刺繡部門の女性たち

メイの弟子の一人に、エレン・ライトという女性がいた。当時十七歳で、刺繡部門で働く女性の中では最年少であった。それまで彼女が学校で学んでいたことといえば、良妻賢母になるための洋裁やパッチワーク、かがり縫いなどの基本的な裁縫のみである。それを思えば、「モリス商会」の元で指導を受けながら刺繡家として収入を得られるとは、誰の目からみても幸運なことだったに違いない。

しかしエレンは、その若さゆえか「モリス商会」で働くことをためらった。母はそのようなエレンをなだめることに必死であった。

「よく聞きなさい。こんな好機はめったにありません。メイさんは立派な芸術家です。それに、カラフルで美しくて色々な幅の絹糸を使って仕事をするのですよ。労働時間もたった十時から六時の間で、学校の授業とあまりかわらないではありませんか」

それに対してエレンは、他の針子がみな「年配」であり（誰もがまだ二十代であったが）、話の通じる同年代がいないと嘆いた。

最初はそのように渋ったエレンだったが、一旦働き始めると子供扱いされることを嫌い、習得も素早く、やがて刺繍の仕事に誇りを持ち始めた。数年後にはエレンの妹ファニーも加わり、その他にもモウド・ディーコンや、メアリー・ド・モーガン（陶芸家ウィリアム・ド・モーガンの妹）、アニー・ジャック（「モリス商会」のチーフ家具デザイナー、ジョージ・ジャックの妻）などが刺繍部門で働くようになっていた。中には、メイよりも年上で、技術的にもベテランといえる女性もいたが、彼らにとって重要であったのは、「モリス商会」独自の刺繍技法を習得することであった。そういう意味では、そこで働く誰もが同等の立場であったといるだろう。

やがて刺繍部門が忙しくなるにつれて、メイにとっては二十分という短さでも通勤時間が不便に感じるようになっていた。そこでスパーリングとの新居となった「ハマースミス・テラス八番」に部門を移動させた。自身の都合に合わせて自宅で指導できることは好条件だったし、何よりもイフリー・ロードとは比べ物にならないほど好環境であった。

さて、「モリス商会の技術者」としてのメイが特に気を遣ったことがあった。それは、紙に描かれたデザインに、針で小さな穴をあけて布に転写する伝統的な手法である。しかしそれには高度な技術が必要であった。刺繍部門の針子たちはこのように、顧客が支払う金額にみあった技術を一から学んでいったのである。

メイは、父と同じように職場環境にも気を配った。彼らの仕事はそれまでと同じく、月曜から金曜の朝十時から夕方六時と、土曜日は半日と決まっていた。少ない給料で一日十二時間働く同業の女性たちに比べれば明らかに好待遇である。そして、主に白いコットンのドレスを身にまとい、昼休憩はダイニングルームで共にとっていた。毎年夏に開催される「オックスフォード大学」対「ケンブリッジ大学」のボートレースの日になると、メイは針子たちを庭でもてなし、小さな贈り物まで用意して共にレースを鑑賞した。

メイの指導方針が何よりも素晴らしかったのは、目先の利益だけを考えて雇用していたのではないことである。弟子たちが十分な技術を習得し、やがて巣立っていくことが何よりも重要であった。

実際、最初の弟子ともいえるリリーは、故郷アイルランドのダブリンに戻って自ら刺繍の商売をはじめたし、またエレンとファニーの姉妹も、やがて「セントラル・スクール・オブ・アーツ＆クラフツ」で教えるようになった。「モリス商会」に入ることを渋って母に説得されたあの幼いエレンが、立派な先生となったのである。特にエレンとメイの関係は特別であった。二人は手紙や贈り物を渡し合い、その友情はメイの余生まで途切れなく続いた。

メイはこのように、公平で思慮深く、寛容な雇用主としてヴィクトリア朝の女性たちの人生を大きく変えた。あの時もしメイがそこにいなかったら、メイの力量がなかったら、彼女たちの将来はいったいどうなっていただろうか。

第28章　ケルムスコット・プレス

モリスは根からの努力家で真面目な性格である。何に対しても手を抜くことはなく、刺繍部門でさえ決してメイに任せっきりにはせず、毎朝自宅から歩いて「ハマースミス・テラス八番」を訪ねていった。モリス商品の質が保たれたのは、こうしたモリスの努力と人格によるものだろう。彼はそれまでもデザイナー、ビジネスマンとして走り続けてきただけでなく、「社会主義同盟」や「古建築物保護協会」など、様々な運動を精力的に先導してきた。

しかし五十代後半になり、その皺寄せが顕著に現れはじめていた。持病の糖尿病にくわえ、それまで完治していなかった軽度な病気が重なり、エネルギーを使い果たしていたのである。口調は相変わらず強気で情熱的だったというが、友人からみても衰弱は一目瞭然だった。力を失ったモリスは、社会主義の激しい論争からも身をひいていった。

一八八九年一月、「ケルムスコット・ハウス」にて、いつもの日曜会合が行われた。モリスが社会主義のために講演したのはこれが最後となったが、「コモンウィール」の誌上では「ユートピアだより」という新作を発表した。そこでモリスが描いたのは、社会主義の革命が成功した世界であった。それはモリスにとって唯一の「理想郷」だったのである。

そのようなモリスにとって、叶えなければならない夢がもう一つあった。それは、美しくて読みやすい「理想の書物」を自ら出版することであった。

きっかけは、一八八八年の「アーツ&クラフツ展覧会」だった。タイポグラファーでありハマースミスの隣人であるエメリー・ウォーカーが、人々の前で活版印刷に対する魅力と必要性を語ったのである。当時のスライド技術を駆使して、美しい写本などを見せながら行われた講演に、モリスは衝撃を受けた。

以来、出版社を立ち上げることはモリスの夢となっていた。そして一八九一年、自宅近くのコテージを借り、念願の出版社「ケルムスコット・プレス」を立ち上げてしまった。

「ケルムスコット・プレス」は、モリスが亡くなり、看板を下ろす一八九八年まで、五十冊を上回る書物を生み出したが、そのどれもが、モリスが愛した中世の書を彷彿とさせるほど重厚で美しい芸術品であった。モリスが病気を切り抜けたのは、その頑固とした決意があったからであろう。

そのように書物を愛してやまない父に、メイとジェニーの姉妹はある贈り物をしている。モリスが収集していた中世の写本を保管するための小袋「ブックバッグ」である。小さくて愛らしく、そして実用的な藍色の亜麻袋に、父の膨大なコレクションのうちの一冊「旧約聖書詩篇（Psalterium）」の文字が刺繍された。ザクロをモチーフにしたデザインはメイによるもので、刺繍はジェニーと共に仕上げた。二人の技術とデザイン力を注ぎ込んだ小袋は、姉妹による希少な共同作品となった。

さて、「ケルムスコット・プレス」を立ち上げたモリスは、校正や事務的な仕事などをしてもらうために再びスパーリングを雇った。メイの多忙な一日は、夫が「ケルムスコット・プレス」へ出勤すると同時にはじまった。

刺繍部門でのメイの仕事は、若手指導だけではなく、商品の値付けや顧客とのやりとり、デザイン、在庫管理などにも及んだ。オックスフォード・ストリートのショールームから注文を受けると、注文日や商品名、顧客名、使用した布や糸の種類などの記録を細かく「デイ・ブック（日誌）」に残した。

一八九二年から一八九六年の記録によると、当時は正方形のパネルやクッションカバー、キルトなどが最も人気であったようである。特に、壁掛けとしてもベッドカバーとしても使えたキルト（キルティングがされていなくても当時キルトとも呼ばれた）は、上流階級に人気であった。しかし、キルトは繊細でありながらも、夜になるとベッドから外され、朝にまたベッドの上に乗せられるという行動が毎日繰り返し行われるため、贅沢な消耗品でもあった。そのため現在残っているメイのキルトは希少品である。

「デイ・ブック」によると、四年間で四百五十三の注文を受け、六百七十もの商品を販売したという。メイが統括した刺繍部門は「モリス商会」の財政的な成功に大きく貢献したことが明らかである。中には「刺繡キット」などの未完成品もあったが、それにしても圧倒的な数である。それのどれもが、メイや、彼女の弟子たちの手による作品であった。

メイによるデザインの下書き。モリスの刺繡部門刺繡部門では、このように絵柄を紙に描き、それに針を刺して布に転写していた（Mark Samuels Lasner Collection, University of Delaware Library, Museums and Press 所属）

第29章　メイの繁栄

一八九〇年代は、メイの代表作が最も多く誕生した時代である。いよいよメイも三十代となり、落ち着きを見せ始めていた。刺繡部門は軌道にのってきているし、それに結婚というプレッシャーからも解放されていた。特に一八九〇年の「アーツ&クラフツ展覧会」では、九点もの作品を展示し、その全てが後にメイの代表作として知れ渡るようになった。中でもメイがデザインをしてジェーンが刺繡をしたコット（新生児のためのベッド）用のキルト「ホームステッドと森」は傑作である。

このキルトは、メイがスパーリングと結婚する直前に製作されたことから、これから生まれてくるメイ自身の子供のためだったのではないかとも考えられている。スパーリングとの結婚には否定的な母であったが、それでも孫ができることは楽しみにしていたはずである。母として、娘のためのお祝いとして刺繡をしてあげたと考えても不思議ではないだろう。

「ホームステッドと森」には、その名からも想像できるように、まるで絵本のように愛らしい世界が描かれる。「モリス商会」とは切り離された、完全にメイ独特のものと思わせる作品で、動物に対する彼女の愛情、そして、これから結婚して家族を築き上げていく新生活への期待などが、全て詰まっているように感じる。このようなキルトに包まれて眠る子供は、モリスの壁紙に囲まれていたメイのように、想像力豊かな大人になったことだろう。

振り返れば、メイが刺繍部門の責任者になってすでに五年が経過していた。彼女の刺繍に対するひたむきさは、この頃より徐々に顕著になっていたようである。もちろん根本的にはモリスデザインに忠誠であったが、刺繍に対しては、モリスよりもさらに踏み込んだアイデアを持っていた。

というのもモリスは、刺繍商品のデザイナーとして地位を確立していたかもしれないが、刺繍は彼にとって主要な部門ではなく、同じデザインを壁紙や布地プリントに使いまわすことも多かった。一方でメイのデザインは、あくまでも刺繍のためであり、特に糸色選びや配色に気を配っていた。

そのいい例が「アカンサス」である。光沢があり、力強くカーブを描くアカンサスの葉が秘める可能性に興味がつきなかったモリスは、初めてデザインしてから何度も採用を繰り返した。そして、そのどれもが立体的に表現されてきたが、それに比べるとメイの「アカンサス」は平面的で、明らかに繊細である。また、モリスにとってアカンサスの葉は主役であったが、メイにとっては全体に散りばめられた花をつなげるサポート役に過ぎなかった。

「デイ・ブック」によると、この「アカンサス」は、刺繍作品だけでも四年間で二十八件もの注文を受けていることが記録されている。その一つであるベッドカバーが、サセックス州の「スタンデン」という邸宅に残っている。

「スタンデン」は、事務弁護士であったジェームス・ビールが、建築家ウェッブに依頼して建てた邸宅である。インテリアも全て「モリス商会」の商品で統一されており、イギリス国内においても希少なほど完璧な「アーツ&クラフツ」建築だといわれる。

インテリアを任されたビール夫人は、自身も優れた刺繍家だった。「モリス商会」から「アーティチョーク」の刺繍キットを購入し、二年ほどかけて娘たちと共に美しい一対の壁掛けを仕上げたほど熱心であった。この「アーティチョーク」の刺繍キットであるが、実業家アイザック・ロージアン・ベルの娘、エイダ・ゴッドマン夫人が最初に注文してから、同階級の夫人たちに人気商品となっていった。

「モリス商会」を支えたのはこのように、主にビール一族のような上流階級の顧客であったが、その多くはもとから家族ぐるみの付き合いであったり、また新たに友人として刺繍を通してメイと親しくなることが多かった。

この「アーティチョーク」以外にも、メイの最高傑作といわれるデザインがある。それは、ショーでさえも「まるで育ち続ける果実の森」と唸った「フルーツ・ガーデン」である。一八九〇年の「アーツ&クラフツ展覧会」に展示された九作品のうちの一つで、メイの刺繍に対する知識が最も凝縮された作品といえる。「デイ・ブック」に記録されているだけでも五つのバージョンが制作されたとあるが、その一つ一つに十四週間以上かけた大作であった。

中心には若木がしなやかにそびえ、プラムを実らせた果樹園の木々がまわりを囲む。一部には、果樹園で絹を作る蚕の様子を詠ったモリスの詩が組み込まれた。

絹のような庭と　絹のような空
高くのびる　絹のようなリンゴの枝
すべては農夫カールのコットの中の　蚕によって　細工された
盛夏の候　桑の葉のうえで

メイが自ら描いた「フルーツ・ガーデン」のデザイン画は、参考品としてオックスフォードの店に置かれていたという。美しく魅惑的なメイの水彩画をみた顧客たちは、誰もが自分で刺繍をしてみたいと思ったことだろう。

メイの作品は、この頃より徐々にオリジナルのものとなっていった。そして、詩人としてのモリスを生涯尊敬していたメイは、この「フルーツ・ガーデン」のように、モリスの詩を多く取り入れていった。

第九部　別れ

第30章　ケルムスコットのベッドのために

「私たちは深い悲しみにいます。ジェニーが髄膜炎になり、命の危険からは脱しましたが今でも状態はよくありません。二人の看護婦が日夜ひっきりなしに面倒をみています。私とメイにとっては致命的に思えました。不幸なメイはその場に居合わせてしまって……」

疲れ果てたジェーンは、愛人ブラントにこう書いた。モリスの健康状態も悪化するばかりであった。

ジェニーはそのような父をみて自分のせいだと自責し、窓から身を投げようとしたこともあった。そのときは、止めに入った家族が、ジェニーをベッドにくくりつけなければならないほどであったという。知識のある現代社会であればおそらく鬱だと診断されただろうが、当時は狂気だと思われてしまったのである。そのような姉と父の様子にメイは心を痛めた。

病気がちになったモリスとジェニーの二人は、大半の時間をロンドンから離れた「ケルムスコット・マナー」で過ごすようになっていた。そこでの二人は、まるで「小躍りする仔犬」のように幸せそうにみえた。そのような様子に胸を撫で下ろしたメイは、早速ショーに手紙を送った。

「穏やかで純粋な生活がここにはあります。ケルムスコット・マナーは、この国で唯一、人が住む価値のある家だと私も姉も思っています。実は幽霊屋敷だという噂で、暗くなると村人たちは近寄ってもきませんが」

彼女にとって「ケルムスコット・マナー」は、ますます楽園に思えた。

その頃メイは、ある大作のデザインに取り掛かり始めていた。それはモリスのベッドを飾るカーテンと天蓋飾りである。重厚なオーク材でできたモリスの四柱ベッドは、もともと十七世紀に「ケルムスコット・マナー」を建てたトーマス・ターナーのために製作されたものである。メイはそこに、父の原点である「レッド・ハウス」の庭を蘇らせようとしていた。

メイはデザインを考えながら、父が初めてデザインをした壁紙「トレリス」のことを思い出していた。「クイーン・スクエア」の子供部屋を包んでいた、あの壁紙である。小さなメイはあのとき、壁紙の中の鳥たちが生きていて、夜になると悪戯をすると信じていた。それと同じ鳥たちが、三十年後にモリスの夜を包むことになるとは、当時いったい誰が想像できただろう。

ゆったりと伸びたザクロの木は、なめらかな花を咲かせ、熟した赤い実をつける。そのまわりを色鮮やかな野鳥が優雅に飛翔し、野花の咲く草原では一羽のウサギがさりげなく草を食む。そのどれもが「レッド・ハウス」の穏やかな庭と、幸せだった日々を思い起こさせてくれた。天蓋飾りには、モリスが一八六七年に書いたケルムスコットのベッドへ捧げる詩が刺繍された。

「ケルムスコットのベッドのために」

風は荒野を吹き渡る
そうして、夜は凍る、
そうして、テムズの流れは冷たく
牧草地と丘のはざまを行く。
けれども、やさしく懐しい
わが古い家はここに
そうして、わが心は暖かに

真冬の辛い寒さのさなかには
休息を、ただじっと休息を、

そうして、ただ善きことを思わん
あの夏と春のゆきかうころには、
鳥という鳥たちはみな歌うだろう
樹の枝々のはざまで楽しげに、
　そうして、おまえたちも私も
そうして、ただじっとして動かず、
この大地とそのめぐみが
消えてしまわないかと案じている
この一日の終わりが来るまえに。

私はもう老いて、そうして、見つくしてきた
ここにあったたくさんのことを……
悲しみも安らぎも
そうして、なべての栄枯盛衰も
なんの物語も語りはすまい
病めること、あるいは健やかなることなど、
それでもこれだけは言うておく……

昼のあとには夜がきて、
そうして、善きにつけ悪しきにつけ
なすべきこと、それは休息なのだと。

（訳：林望）

こうしてモリスのベッドは、メイの力によってさらに中世らしく、さらに温もりのある家具へと生まれ変わったのである。そこに横たわれば、まさにモリスが描いた「ユートピア」の世界にいる気分であっただろう。

さて、一八九二年、モリス一家は大胆な計画をたてた。それは「ケルムスコット・マナー」で初めてクリスマスを過ごすことであった。暗くてジメジメした長い冬を田舎の古民家で過ごすというのは、病人にとって賢明でないように思えるが、モリスもジェニーも、まるでしてはいけないことをする子供のようにはしゃいだ。

この悪戯な計画には、スパーリングとショーも加わった。一人だけ冷静にみえたスパーリングでさえも、興奮を隠せないかのようにロンドンの友人に手紙を書いた。

「モリスは、ショーと私が同行するだろうという無駄な期待も虚しく（この寒さの中）一人でカワカマス釣りにでかけました。ここでのショーは大変幸せそうです」

ショーは、当時には珍しく、厳格な菜食・禁酒主義者でもあり、そのうえ「新鮮な空気」にとりつかれており、冬でも窓を開けて就寝するという極端に神経質な性格だった。モリスはそのようなショーのことを、「彼が幸せそうなのは、自分の水差しの水が他の誰のものよりも厚く凍っているからだ」と皮肉った。

ショーの機嫌がよかったのは、処女作「やもめの家」がロンドンで上演されたばかりで、作家としてのキャリアがいよいよ開花しようとしていたこともあるだろう。しかし、メイと別れるきっかけにもなったジェニー・ペイターソンとの関係は、いよいよ泥沼化していた（その様子は二作目「恋をあさる人」で描かれた）。そして今度はこともあろうか、刺繡部門の針子であったフローレンス・ファーにのぼせ上がっていた。

そのような状況下でありながらもショーは、メイがスパーリングと結婚したとき「呆然」とし、「恋愛の歴史上で最悪の裏切り行為」で、ショーとメイは「神秘的な結婚の誓い」で結ばれていると言い切っていた。まさに言葉を操る天才ショーならではであるが、その自信はいったいどこからくるのか。それこそ神秘的である。

さらに図々しいことに彼は、自宅が改装中であるという理由で、メイたちの「ハマースミス・テラス八番」に転がり込んだのである。そして、スパーリングの目の前で、「ハマースミス・テラス八番」がこれほど快適で素敵な住処になったのは、全てメイの才能のおかげだと褒め称えた。そしてぬけぬけと、「自分が同居することをメイは喜んでいるし、メイの機嫌がいいのは自分がいるからである。もはやどんな夫も引き出すことができない最高の料理を提供してくれるから、スパーリングも感謝している」と言った。ショーのことだからどこまで本気がわかりかねないが、相変わらず物議を醸しだす男であることには変わりなかった。

しかし彼のそのような刺激的な人格は、メイの中で潜んでいた愛を再び刺激してしまったようである。メイにとってショーは、結局のところ、唯一心底から愛する人だった。

スパーリングは、この時になってようやく自分が置かれた立場を理解した。自分ではメイを幸せにすることはできない。そう悟った彼は、一八九四年六月、「ハマースミス・テラス八番」を後にして、パリへと旅立ってしまった。

一九一四年以前のイギリスでは、離婚というのは一般的でなく、世間体にも恥とされていた。特に女性にとっては致命的な汚点で、先進的であるとみなされたモリスの仲間からでさえそう思われる危険性は大きかった。そのため、たとえメイとスパーリングが離婚したとしても、「妻が見捨てられた」という形にしておくという同意があった。それが双方にとって画策だったのである。

つまり、スパーリングがパリに向かったのは、「パリにいい人ができた」という話を裏付けるためだったのかもしれない。いずれにせよ、メイが一人になったということは、ショーに再び結婚を考える機会が与えられたということである。ある意味スパーリングが気の毒である。

しかし当人のショーはというと、いよいよ作家としての名声を摑みつつあったのだが、相変わらず不十分な収入を理由に、結婚に踏み込むことはなかった。それだけでなく、まともにいえば「世間体」ということで、メイとはしばらく距離を置くようにしたようである。

それでもショーとメイの間には、メイの離婚が成立したときには結婚をするという暗黙の了解があったようである。それからのメイは、愛するショーの妻、そして生涯の同志となる日を夢みて生きていくこととなった。

第31章　父の死

六十歳を過ぎたモリスの体調は、ますます悪化していた。糖尿病と結核、それに腎臓病などの持病があったようだが、当時はどの医者もはっきりとした病名を診断できなかった。それでもモリスの体重は減るばかりで、咳も止まらなかった。医者の一人は、モリスの病気の原因が「一日十八時間働くウィリアム・モリスであること」だと言った。

なにしろモリスは「ケルムスコット・プレス」で『ケルムスコット・チョーサー』という大作に取り掛かっている最中だったのである。働き過ぎであるのは誰の目からみても明らかであった。海辺で休養させるように勧められたジェーンは、ケント州の南にある港街フォークストンへモリスを連れていった。一八九六年の六月のことであった。

ところが、いわゆるリゾート地は、モリスにとって退屈でしかなかった。そこには、バーン＝ジョーンズ夫妻をはじめ、モリスの出版者フレデリック・エリスや、「ケルムスコット・プレス」の総務シドニー・コッカレル、ウォーカー、ブラントなどの友人たちがひっきりなしに訪ねてきたが、それでも不機嫌になることが多かった。彼にとって最高の理解者であったジョージアナでさえも、彼女から「看護師をつけてはどうか」と勧められると機嫌を損ねた。この時ジェーンは、できる限りのことをする覚悟を決め、「看護師をつけるのは自分が倒れたとき」だと言い切った。

このフォークストンで、唯一モリスを元気づけた出来事が一つだけあった。それは、ダグラス・コッカレル（シドニーの弟）が『ケルムスコット・チョーサー』の製本見本を持ってきたことである。コブデン＝サンダーソンによって製本された『ケルムスコット・チョーサー』は、白い豚皮と銀の留め金が際立つ立派な一冊となっていた。五年という歳月をかけた一大プロジェクトだったが、完成はもう目前であった。

しかし「ケルムスコット・プレス」で製作中であった本は、『チョーサー』だけではなかった。そのため、七月上旬になってロンドンに戻ったモリスは、それらの本を全て完成させようとますます躍起になった。そのようなモリスに対して医者は「ノルウェーに行って、とにかく新鮮な空気にあたるように」と助言するしかなかった。

七月二十二日、モリスはいよいよ決心を固め、テムズ河下流の港ティルベリーからSSガロン船に乗り込み、友人と医者を伴ってノルウェーの船旅にでかけていった。しかし、一ヶ月のその旅も効果はなく、無駄に終わったようである。唯一良かったこととといえば、ジェーンとジェニーが「ケルムスコット・マナー」で、ひと時の安息を得ることができたことだろう。

八月十八日、ノルウェーから戻ってきたモリスを出迎えたジェーンは、ロンドンのような都会はモリスの体によくないと、ジェニーのいる「ケルムスコット・マナー」に行く準備をはじめた。しかしモリスには、オックスフォードへ向かう体力すらなくなっていた。気落ちしたモリスは、ジェニーに手紙を書いた。

「土曜日、そちらに行けなくなって残念でなりません。体調がよくないのです。医者からも止められました。愛する娘よ、どうぞ許してください。会いたいと切望しています」

それからというもの「ケルムスコット・ハウス」は、まるでケアホームのようになっていた。モリスはこもりきりになり、九月にはほぼ寝たきりになってしまった。

そのような状態の中、モリスが何よりも気に病んでいたことがある。それは、障害のある娘ジェニーのことであった。そこで、万が一ジェーンやメイに何かあった場合でも路頭に迷わないように、ジェニーには十分な遺産の配慮をした。

モリスは弱々しい手でジェニーに手紙をしたためた。

「父はジェニーの手紙が好きなので、また書いてください。返事は書けないかもしれませんが」

これが、モリスの残した最後の手紙となってしまった。

一八九六年十月三日。モリスは、家族やバーン＝ジョーンズ夫妻に見守られながら息をひきとった。

十月六日。この日はまるで嵐のように雨風が激しく吹き荒れていた。モリスの柩は「ケルムスコット・ハウス」を後にし、貸し切り電車に乗せられてケルムスコットへと向かった。レッチレードの駅には、ヤナギやブルラッシュ、つる草などで飾られた荷馬車が待っていた。村の人々は雨でありながらも玄関先に立ち、その様子を見守った。

荷馬車はやがて、ケルムスコットの聖ジョージ教会に到着した。教会の中には、先月行われた収穫祭の装飾が残されたままであった。洗礼盤のまわりには、カボチャやリンゴなどの果実が山のように積まれ、そこに紅葉が飾られていた。鮮やかな秋色に化粧された十二世紀の教会は、モリスを暖かく出迎えた。彼は生前、建物の修復に積極的に関わるほど、この素朴な教会を愛していた。

葬儀には、ハインドマンをはじめとする社会主義の同朋や、友人、雇用者が参列した。「ケルムスコット・プレス」や「メートン・アビー」、そして「モリス商会」のショールームから集った雇用者たちはみな、作業着のままだった。

教会の鐘が静かに鳴り響いていた。ジェーンは蒼白な顔でバーン＝ジョーンズにもたれかかり、ジェニーの目からは涙がとまらなかった。スパーリングも、はるばるフランスから足を運んだ。唯一冷静にみえたのはメイだけであった。
葬儀はつづまやかで印象的であった。教会から運び出されたモリスの柩は、墓地の隅に埋葬された。ウェッブが大切な親友のためにデザインをした墓石は、ヴァイキング時代を思い起こさせるような素朴さで、古建築に情熱を抱いたモリスの人生を讃えるものとして相応しく思えた。

「自由と教育が万人のためであるように、芸術も一部の人だけのためであってはならない」

モリスはよくこう言っていた。彼にとっては、産業的ではなく、職人の手で作られた物が人間の価値そのものであった。それを達成するために行動を起こし、失敗したとしても決して諦めなかった。たとえ飛躍的に変化がみられなくても、いつか人々が立ち止まって考えてくれれば、それはモリスにとって利益となり、意味のあることだったのである。

このときジェーンは五十七歳になろうとしていた。白髪混じりにはなっていたが、背筋は相変わらずピンとして誇らしかった。そしてブラントに向かって、「本当はそれほど悲しくないのです。世の中のことを何も知らない時からずっとモリスと一緒でしたから（モリスの死は）痛ましいですが。結婚したとき私はまだ十八でしたが、これまで彼を愛したことはありませんでした」と言った。
確かに三十七年間、モリスとの関係を耐え抜いてきたかもしれない。しかし、「ケルムスコット・マナー」にあるベッドカバーをみつめると、そこにはモリスに対する愛しかみえてこないのはなぜだろう。

モリスが愛した中世の草花と、よく好んで引用した句「もし私にできるなら（Si je pui/If I can）」のデザインはメイによるかもしれないが、そのきめ細かな刺繍は確かにジェーンの手によるものである。手間のかかる作業を長い月日をかけて辛抱強く行うことは、愛がなければできないのではないだろうか。

第32章　別々の道へ

父のいなくなったモリス家に、初めての冬がやってきた。ジェーンとメイは、まるで現実から逃避するかのようにイギリスを発った。行き先はエジプトだった。

実はブラントが、アラブ種の種馬飼育場（Sheykh Obeyd）をカイロに所有しており、以前から遊びに来るように誘いを受けていたのである。モリスが亡くなり、わだかまりのなくなった今となっては断る理由はなかった。

しかしモリス家の女性にとって、エジプトでの生活は想像以上に困難なものであった。ブラント一家は乗馬に熟達していたし、アラビア語も流暢だったが、ジェーンとメイは、アラビア語はともかく、乗馬すらできなかった。

とにかくエジプトの砂漠はあまりにも深く、どこかに歩いて行くことなど不可能で、出かけようにも、まずは散歩のできるようなところまで馬に乗って行かねばならなかった。たとえ何とか馬には乗れたとしても、結局は誰かに連れていってもらわなければならなかったのである。ここエジプトでは、母国イギリスのように、気が向いたときに軽い気持ちで出かけるというようなことはできなかった。

これは、招待した側にとっても客人にとっても辛い状況である。ブラントにはメイより十歳ほど年下の娘ジュディスがいたが、彼女は馬を颯爽と乗りこなす体育会系で、芸術肌のメイとは共通点がほぼ皆無であった。メイは明らかに退屈していた。そして、母国にいるときと同じように、相変わらず草花のスケッチをするしかなかった。

翌年五月、イギリスに戻ったジェーンは、エジプトでの時間が自分の心を落ち着かせてくれたと、ブラントにお礼の手紙を書いた。結局のところエジプトへは、モリスを亡くした喪心から立ち直るための保養が目的で、決して冒険や娯楽などを求めて行ったわけではなかったのである。そういう意味ではエジプト旅行もこれでよかったのかもしれない。それに、メイは退屈していたかもしれないが、実は異国文化をしっかりと吸収していたようである。その証拠に、帰国後、エジプトでの経験を活かした二つの刺繍作品を制作している。

一つは、北アフリカ文化に影響を受けたマントである。当時イギリスで流行しており、老舗「リバティー」などで広く販売されていたのは「美しい北アフリカ風」のマントだったが、メイのマントは、特にエジプトの伝統衣装ではないものの、正統なアバ（北アフリカやペルシャのアラブ人が来ていた外衣）に限りなく近く、襟元に北アフリカのモチーフを刺繍するなど、流行に惑わされないオリジナルなものであった。

もう一つの作品とは、エジプトでのスケッチをもとに製作したといわれる刺繡「オレンジの木」である。深い青にオレンジの果実が映え、どこかほっとさせてくれる作品であるが、メイの他の作品と比べると、輪郭がいつもよりも鮮明で独特にみえる。果実や花、背景全てを絶妙な濃淡で描けるのは、手染めの糸であるからだろう。

しかしメイは、父を亡くした衝撃から立ち直れずにいた。「アラブ風マント」も「オレンジの木」も、完全にメイのオリジナルのものであるが、刺繡をしながら亡き父のことを想っていたに違いない。もう助言をしてくれる父はそこにいない。スパーリングとの離婚も、時間の問題であった。三十五歳になるメイにとって、「アラブ風マント」と「オレンジの木」という二つの作品が、ある意味一つの区切りとなったのかもしれない。

一八九八年六月一日、あのジョージ・バーナード・ショーが、いよいよ結婚した。彼が人生の伴侶として選んだのは、同じ「フェビアン協会」のメンバーで、アナキストであり、やり手の社会活動家であるシャーロット・ペイン゠タウンゼントであった。

このときのメイの落胆は計り知れない。スパーリングと別れて自由な身になることで、ショーとの結婚を夢みたかもしれないが、肝心なショーはメイの離婚を待つことなく、別の女性と結婚してしまったのである。メイとショーの間にあった「暗黙の了解」はいったい何だったのだろうか。

シャーロットは、アイルランドの裕福な家庭出身でありながら、お高くとまったり、また、古い慣習にもとらわれない自我の強い女性であった。いわゆる異端児で、プロポーズをしたのもシャーロットの方からだったようである。一説によれば彼女は家庭づくりにも興味がなかった。一旦は、メイの時と同じく、金銭的な理由でシャーロットとの結婚を断ったショーであったが、重荷や責任が付きまとわない彼女との結婚は、彼にとって理想の形であったのだろう。

さて、モリスが亡くなった後の「モリス商会」であるが、タペストリーの弟子として入社してから商品を生み続け、若手の教育に貢献していたジョン・ヘンリー・ダールによって受け継がれていた。本来ならば後継人には、刺繡部門で手腕をみせたメイが適任だと思えるが、彼女はビジネスに対する興味がなかったようである。それに、父が遺してくれた資産のおかげで生活に困るわけではなかったし、守っていくべき家庭があるわけでもなかった。

彼女はそれまで全てを「モリス商会」に捧げてきた。刺繡作家として活動してきたのも父のためだった。もちろん自ら選んだ道ではあったが、メイは特に強い信念を持つ芸術家である。心のどこかで「モリスブランドらしいデザイン」をする自分に反抗心があったのではないか。だから父が亡くなり、多少の解放感もあったのではないか。

メイは「モリス商会」を去る決心をした。そして翌年にはスパーリングと正式に離婚し、再び「メイ・モリス」の名を名乗るようになった。それまでは「ケルムスコット・マナー」に置いてあるゲストブックなどにも「スパーリング夫人」とサインをしていたが、まるで九年の結婚生活というものが無かったかのように、その形跡を抹消してしまった。

時代は二十世紀に入ろうとしていた。一人身になったメイは、まるで水を得た魚のように次々と才能を発揮し、再び「アーツ&クラフツ」の代表的な存在になっていった。芸術家「メイ・モリス」としての時代はこれからだった。

アラブ風の格好をしたメイ35歳
(© William Morris Gallery, London Borough of Waltham Forest, 1897)

第十部　メイ・モリスとして

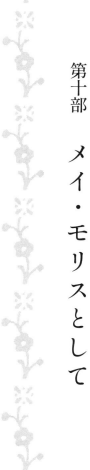

第33章　教壇へ

「祭壇の前飾り（スーパーフロンタル）は、教会で最も神聖で、最も重要な役割を果たすものである。そのことを理解し、それに値する最高の仕事をしてくれるのはメイしかいない」

建築家フィリップ・ウェブは、メイの才能をこう褒め称えた。ウェブは、モリスの妹で、女助祭であるイザベラ・ギルモアが受け持つ教会の祭壇を設計し、その前飾りの刺繍をメイに依頼したのである。

メイは一八八八年より、途切れることなく「アーツ&クラフツ展覧会」に作品を発表してきており、その頃までには刺繍家として名が知れつつあった。ウェブのようなデザイナーは、刺繍作家として信頼のおけるメイに、心置きなく仕事を任せられたことだろう。しかし彼女の素晴らしい所は、刺繍の技術だけにとどまらず、その歴史と伝統を熟知していることでもある。自然界にあるモチーフを刺繍にするにはどのようにデザインすればいいか、誰よりも心得ていた。

スパーリングの離婚が成立した一八九九年、ロンドンの「セントラル・スクール・オブ・アーツ&クラフツ（以下セントラル・スクール）」に刺繍学科が創設された。この芸術学校を一任していたのは、モリスやウェッブを尊敬する一人であり、モリスが先導した「古建築物保護協会」に関わる建築家ウィリアム・レザビーであった。それからメイは、九年間にわたり「セントラル・スクール」の教壇に立つこととなるのだが、その間「バーミンガム・スクール・オブ・アート（以下バーミンガム・スクール）」からも特別講師として招待されるなど、活動の場はロンドンだけにとどまらなくなっていた。

さて、このバーミンガムであるが、「アーツ&クラフツ」運動の中心都市のうちの一つであり、「優秀な芸術学校が最も充実する都市」ともいわれていた。「バーミンガム・グループ」という芸術団体まで作られるほど「アーツ&クラフツ」運動には特に活発で、バーン＝ジョーンズから紹介を受けたモリスも何度も足を運び講演を行っていた。そういった意味でもバーミンガムは、メイにとって馴染み深い都市だったのである。

「バーミンガム・スクール」はまた、国内最初の市営芸術学校となったばかりだった。この恩恵を一番に受けたのは、なんといっても女学生であった。学校は、女学生のために特別な施設を用意するなど、女性教育の発展に力をいれていたのである。

このような現象はバーミンガムに留まらず、全国にまで広がっていた。メイが教師として活躍しはじめたのは、ちょうどそのような時代だった。

メイは授業の中で、刺繡の哲学的な部分を論じるために、数年前に出版していた自著『装飾としての裁縫』などをテキストブックとして使い、刺繡がいかに芸術の分野であるかを教えた。

「たとえ技術が優れていても、デザインがよくなければ台無しであり、逆にデザインがしっかりしていれば、多少技術が劣っても良品となる可能性があるのです。そして、刺繡の美しさとオリジナル性、そこに込められた魂が活かされるかどうかは、全てデザインの良し悪しにかかっているのです」

このようにメイは、何よりもまずデザインの大切さを訴えた。そしてイギリス独自の刺繡「オーパス・アングリカーナム」や、自身のコレクションの中から、十六世紀のイタリア製や、十九世紀半ばのトルコ製刺繡などを引き合いに出した。しかしそれらを単に模倣するのではなく、刺繡が秘める芸術的な可能性を自ら見出し、インスピレーションを得ることが大切だと言った。

「自然界に限りなく存在する形をひたすら研究し、草花がもつ限りない生命感をデザインとして表現することです。その時に、自分で理解のできない線は一切描かないことです」

このようなメイの論理はモリスとも共通するが、彼女が父よりもさらに優れていたのは、なんといっても色彩感覚である。たとえ控えめな色が流行していたとしても、常に明るく純粋な色糸を選び、そして限定的な色を使って自然と調和させ、派手すぎない線と面を表現する能力に長けていた。やがて、実効性のある講師だという評判が定着したメイは、学校などから引く手あまたとなっていった。

そのうちの一校、「ロイヤル・スクール・オブ・アート・ニードルワーク（現ロイヤル・スクール・オブ・ニードルワーク）」では、大作「ポーモーナ」（一八九一年）の総指揮をメイが務めている。ローマ神話に登場する果物の女神を描いた「ポーモーナ」は、モリスとバーン＝ジョーンズによるタペストリーの中で、最も人気だといわれるデザインの一つである。それが三人の生徒によって、幅二メートル、縦三メートルという迫力のある見事なタペストリーとなった。

その後もメイは、「ハマースミス・アート・スクール」や、「セントラル・スクール・オブ・アーツ＆クラフツ（現セントラル・セント・マーティンズ）」などで刺繡を指導した。生徒たちは、メイの技術に憧れ、メイに教わるために学校を選ぶようになっていた。

第34章　ジュエリー

「バーミンガム・スクール」では新たなチャンスにも恵まれた。それはガスキン夫妻との出会いである。

ガスキン夫妻は、「バーミンガム・グループ」のメンバーで、「アーツ＆クラフツ」を導く工芸家である。バーミンガムという産業都市の機械化に反発する手段の一つとしてジュエリーを選び、一八九九年の「アーツ＆クラフツ展覧会」に十三点のコレクションを出展すると、たちまち高評価を得ていた。二人はアシスタントを雇いながら、主に妻のジョージーナがデザインをし、夫アーサーがエナメルを施して共同制作していた。

メイは、そのようなガスキン夫妻のデザインと論理に共鳴していた。夫妻は「ケルムスコット・マナー」にも滞在したことがあり、またメイは、娘マーガレットのゴッドマザーになるなど、公私共に親しくしていたのである。そのような彼らの影響もあって、メイはいよいよジュエリー制作に興味を示し始めた。

当時ジュエリーとは、「アーツ&クラフツ」の手工芸品として、ようやく認められるようになってきていた新分野であった。しかしそれまでも、「アーツ&クラフツ」に欠かせないアイテムだったことには間違いない。というのも、画家たちは、中世やルネッサンスの風潮を暗示させる腰飾りやバックルなどをファッションとして身につけることが多かったし、モデルを使って作品を描く彼らにとって、ジュエリーは特に大事な小道具でもあったのである。

例えば、ロセッティの「青い部屋」では、モデルのファニーが身につけるハート型のブローチが中心的な役割を果たしているし、また、腰飾りなしでは「アスタルテ・シリアカ」も完成しなかっただろう。それでもまだ、ジュエリーに関する知識に限りがあり、技術を学べる学校も専門家も少なかった。しかし、メイが教えていた「セントラル・スクール」には、珍しいことにジュエリー学科があった。メイはそれを見逃さなかった。

実はジュエリーは、「モリス商会」で唯一取り扱っていなかった工芸品である。ジュエリーであれば、ようやくモリスと比較されることもなく、自分と純粋に向き合っていけるかもしれない。四十歳近いメイが独自の芸術的分野を広げるためには、決して無視のできない分野であった。

さて、「アーツ&クラフツ」のジュエリーもまた、他の工芸品と同じように、植物や野鳥などをモチーフにしたシンプルなデザインを取り入れた。エナメルや鍛金など、古くから伝わる伝統的な技術を駆使し、一人の作家ができるだけ手作業でデザインから制作まで行ったため、全く同じものは存在せず、だからこそ希少価値が高かった。

そして、派手な富豪向けのジュエリーとは対照的で、決して絢爛《けんらん》とは呼べなかったが、柔らかく穏やかに輝く装飾品であった。素材もダイアモンドなどの高級宝石ではなく、ターコイズやムーンストーン、パール、オパール、孔雀石、珊瑚などの半貴石が選ばれた。そして創造性を重視し、角や鮫皮、象牙、真珠層など、慣習にとらわれない珍しい素材と組み合わせることもあった。

メイは、父や「モリス商会」から解放されたかもしれない。しかし、それまで培ってきた価値観は決して忘れなかった。中世の手工芸を崇拝した父のように、彼女もまた、ビザンティンの礼服や、限られた装飾品で表現されるルネッサンス女性の肖像画を尊敬し、古代ギリシャの宝飾品を参考にした。素材もヴェネツィアのビーズや、ふぞろいで味のある宝石を使い、「親しみやすくて優しい」ジュエリーにこだわった。


一八九四年、「リバティー」が初めて「アーツ&クラフツ」のジュエリーを発表した。金と銀を使い、ケルト的なデザインを取り入れた「キムリック（Cymric）」というシリーズであったが、「リバティー」はデザイナーに対して、手工芸にこだわらず、機械生産できるデザインを求めた。モリスの理想論である「アーツ&クラフツ」という言葉が勝手に一人歩きしていくようになったのは、この頃だったような気がしてならない。

世の中で大量生産されるジュエリーに、メイが嘆き悲しんだのは言うまでもない。安価な作品に使われる貴金属は、巨大な機械によっていとも簡単に切り取られ、まるで粘土のように押しつぶされていくのである。そこに素材に対する尊敬の念はない。

「ジュエリーは、シンプルで最低限の工具を使い、貴重な金銀を敬いながら制作することです。作品は貴金属に対する愛情からインスピレーションを得るべきなのです」

モリスがもし生きていてジュエリーに関わっていたとしたら、彼もまた同じことを言っただろう。

一九〇一年一月二十二日、ヴィクトリア女王が八十一歳で崩御した。繁栄と怒涛のヴィクトリア朝時代が、いよいよ終焉を迎えたのである。長男エドワード七世が戴冠すると、時代はエドワード朝へと移り変わった。

エドワード朝は、君主の名前から名付けられた時代としては最後の時代である。十年弱と短いながらも、二十世紀という新たな時代であり、また、イギリスで初めての潜水艦が送りだされるなど、科学が急進展した時代でもあった。イギリスの人口は、四千万人に達していた。

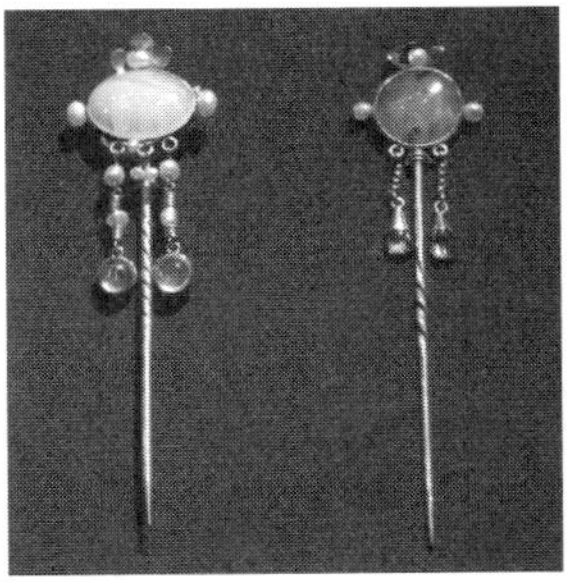

メイによるおよそ7cmという小さなピンと、ハート型のペンダント（ヴィクトリア＆アルバート博物館所蔵）

第35章　メモリアル・コテージ

一八八〇年代から九十年代にかけてのイギリスでは、地方の過疎化が急激に進み、南部では特に農業不況に脅かされていた。産業化の影響で都市部に人々が流出したのである。

地方の労働賃金は安く、住宅も不足しており、医療や福祉環境はひどいものであった。そのような中では、文化や娯楽を楽しむ余裕など到底なかった。しかし、農家や地主たちは変化を嫌い、地元を良くしようなどと考えないことが一般的であった。彼らにとっては、労働者が無知で従順である方がよっぽど都合がよかったのである。それはケルムスコットの村も同じであった。

モリスが亡くなった後、ジェーンは引き続きハマースミスに住み続けていたが、いよいよ一八九七年になると「ケルムスコット・ハウス」を手放し、ジェニーと共にオックスフォードの「ケルムスコット・マナー」に定住することにした。なにしろそこは、モリスが最も愛した家であり、近くにはモリスが眠る教会もあった。

ジェーンはそのようなケルムスコットの村に、モリスの追悼となる何かを残したいと思った。教育と娯楽が不十分であることを特に心配していたジェーンは、図書室や集会場のような、村のためになる建物を建てようと考え、改装して使える納屋などがないかと探し始めた。

そして「ケルムスコット・マナー」の地主であるホッブスにも相談を持ちかけたが、ジェーンのために与えられる建物などはないし、新たな集会場を建築するともなると膨大な費用がかかると、反応はよくなかった。ホッブスは村のほとんどを所有する大地主でありながら、やはり長い目でみる村の改善には興味がなかったのである。

それでもジェーンは諦めなかった。スパーリングが去った後、「ケルムスコット・プレス」を受け継いでいたシドニー・コッカレルに相談を持ちかけた。二人はやがて、マナーと教会の間に「メモリアル・コテージ」を建てることにした。労働者のための住宅が足りていないことに対するジェーンの気遣いであった。

「メモリアル・コテージ」の設計はウェッブに依頼をした。ちょうど七十歳を超え、建築家として引退するところであった彼は、とにかく感慨深かったことだろう。ジェーンに向かってこう言った。

「建築家となり、初めて建てた家（レッド・ハウス）も、最後となる家（メモリアル・コテージ）も、どちらも貴方のためとなりました」

こうして一九〇二年七月、理想的な「メモリアル・コテージ」が完成した。切妻の一部には、

「ケルムスコット・マナー」の庭にある木の根元に座って黙想をするモリスの姿が刻まれた。

その年の三月、メイは四十歳の誕生日を迎えた。ショーやスパーリングとの関係に落胆していた彼女は、それからは情熱的な幸せを求めることよりも、男女関係なく友情を育んでいく努力をした。そして「モリス商会」を去っても、一部の顧客とは友人関係を続けていた。その一人にテオドシア・ミドルモアがいた。

テオドシアの夫トーマスは、鞍で成功した実業家の子孫で、地元バーミンガムでは名の知れた「アーツ＆クラフツ」のパトロンであった。ミドルモア夫妻は、事業を売却して得た財産で、スコットランドのはるか北、オークニー諸島の中の小さな「ホイ島」を購入した。そこに「アーツ＆クラフツ」の館を建てる計画であった。

夫妻は建築家ウィリアム・レザビーに相談をした。島の南にはすでにL字型をした十八世紀の家があり、それを取り壊して新たに建て直すつもりであったが、「アーツ＆クラフツ」の精神を持ち、現実的というよりも理論的であるレザビーは、もとの家を生かしながら建てることを提案した。

オークニーの赤砂岩を使い、スコットランドに多くみられる「ハーリング」という技術によって荒削りな質感の壁が仕上げられ、屋根には地元ケイスネス産のフラッグ石が使われた。このように、地元の伝統技術や素材を駆使したミドルモア邸「メルセッター・ハウス」は、ホイ島にしっかりと馴染み、まるで何百年も前からそこにあるかのように自然な佇まいの邸宅となった。

それでも内外の至る所には、星や月、バラやアザミなど、自然界のものをモチーフとしたレリーフが装飾されており、レザビーらしさもみられる。階段状の切妻に彫られた「１８９８」と「ＴＭＴ」（トーマス・ミドルモアとテオドシアの頭文字）の装飾などは、メイ独特の文字デザインを思い起こさせる。そして、モリスのインテリア商品で装飾された「メルセッター・ハウス」は、北の僻地でありながらも豊かで温もりのある住処になった。

こうして「ブリテン諸島最北端にあるアーツ＆クラフツ建築」が誕生した。「メルセッター・ハウス」は、レザビーの建築家としてのキャリアの中で最も刺激的なプロジェクトであっただろう。

ロンドンから始まったモリスの「アーツ＆クラフツ」の精神は、二十世紀になり、遥か彼方オークニー諸島にまでたどり着いていた。

ケルムスコット・マナーの庭にて。左から43歳のメイ、母ジェーン、姉ジェニー、ジェニーの看護人（Mark Samuels Lasner Collection, University of Delaware Library, Museums and Press 所属）

第36章　メルセッター・ハウス

「北海の片隅にたたずむ姿はロマンチックで、まるで妖精が住む宮殿のよう。品格があり、純粋なタペストリーやカーペット、それに艶やかな絹の壁掛けが優しく出迎えてくれます。建築家としての才能をこれほど試された場所はないでしょう。レザビーは、尊厳を保ちながらも家庭的な温もりのある家を建てたのです」

一九〇二年八月、メイは初めて訪れた「メルセッター・ハウス」のことをこう讃えた。

実はホイ島へ行くには今でも容易なことではない。なにしろスコットランドの最北端の岬からフェリーに乗って、まずはオークニー諸島の本島に上陸し、そこから一日に数本しかないフェリーに乗らなければいけないのである。当時のことだからおそらくミドルモア家がゲストのためのボートを持っていたはずであるが、それでも長旅には変わりがなかった。

しかし、今でも人口約四百人程度で、舗装のされていない道が一本あるだけのホイ島は、古代から変わらぬ自然が残る美しい島である。

メイは「メルセッター・ハウス」の不思議な魅力にとりつかれてしまった。そこでは庭で草むしりをしたり、大広間で穴の空いた靴下を延々とかがり縫いしていた。日常と変わらないようであったが、メイにとってはあまりにも居心地のよい日々であった。

ミドルモア夫妻には子供がいなかった。テオドシアはその情熱を刺繍に注ぎ、「モリス商会」からキットを購入しては刺繍に勤しんでいた。思いやりのある女性で、メイが「メルセッター・ハウス」に滞在する間も制作に集中できるようにと、庭に建つ「ティーハウス」を特別に用意してくれていた。この「ティーハウス」とは、レザビーがキッチンガーデンの壁上に設計した小塔である。そこからはペントランド海峡が一望でき、聞こえるのは優しい風の音と、草をはむ羊の鳴き声だけである。

このような環境が、芸術家の創作意欲をかきたてないわけがなかった。父親譲りで研究熱心なメイは、新たな挑戦を始めたのである。それは、オークニーの豊かな自然を最大限に利用した「天然染料」であった。

メイはテオドシアと共に、染料に使えそうな植物をかき集め、それを泥炭で煮出して染色液を作った。父のおかげで染色に関する知識が多少はあったメイであるが、自分の手で周辺の植物を集めて煮出す過程は初めてのことであった。

メルセッターにはまた、十分な広さの別棟もあり、そこに手紡機を設置して糸を紡いだ。手紡機はモリスが手を出さなかったものであり、メイにとっても初めて触れるものであったが、特にスコットランドでは羊毛紡績が定着しており、幸いテオドシアにある程度の知識があった。

二人はこのように、お互いの知識を共有しあい、そして地元の人々と自然染色や糸紡ぎをすることで、地域の活性化に一役かったのである。このときの二人の活動は、刺繍業界だけでなく、オークニーにとっても偉大な影響を与えただろう。

テオドシアは、工芸に対して深い知識を持つメイを尊敬していた。「モリス商会」の顧客となったばかりの頃は、典型的な上流階級の女性だったが、メイと交友するにつれて服装にも変化をみせたほどメイに影響を受けた。ほぼ同世代の二人は、お互いに趣味を分かち合える貴重な存在であり、深い友情で結ばれていた。

そのような二人の信頼関係を証明する偉大な作品が、このメルセッターで誕生している。それは、天蓋付きベッドを装飾する「メルセッターのカーテン」である。

そのデザインは「ケルムスコット・マナー」のカーテンと全く同じであるが、この二つは印象がまるで違う。木製パネルで重厚なケルムスコットでは原色が使われ、中世的な鮮やかさを出したが、北海に囲まれた白亜の城のようなメルセッターには、それでは全く調和しない。メイは、メルセッターのために、薄水色と淡黄色などの中間色を選んだ。その色彩はまるで、メルセッターを囲むペントランド海峡とワードヒル丘陵そのものであった。

メイの素晴らしいところは、このような的確な糸色選びである。

「針子としてだけでなく、他のどの芸術でもそうであるように、美に対する意識と願望、そして使いやすさを認識することは不可欠です。それらを常に念頭におきながら制作しなくてはなりません。作品に命と意義を吹き込むために」

メイは常に、刺繍が他の芸術作品となんら変わらないことを訴え続けた。繊細で美しくて大胆で、それでいて決してわざとらしくない。そのようなメイの刺繍をじっと見つめていると、人々が刺繍というものに人生をかけていた中世に迷い込んだような感覚におちいる。そんな奥深い力が、メイの作品には潜んでいるのである。

完成した「メルセッターのカーテン」は、邸宅の温かみと、オークニー諸島の豊かな自然を感じさせる透明感あふれる清々しいものとなった。そこでの澄んだ空気と居心地のよさは、父の死と、スパーリングとの離婚で負ったメイの傷を癒してくれた。

別棟で糸を紡ぐテオドシア（左）とメイ（中央）
（Central Saint Martins所蔵）

第十一部　そして世界へ

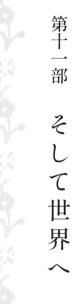

第37章　ウーマンズ・ギルド・オブ・アート

モリスが政治運動に活動的だった一八八四年、彼はまた、ジョン・ラスキンなどと共に「アート・ワーカーズ・ギルド（以下ギルド）」という協会の創設に関わっていた。

というのも、当時の「ロイヤル・アカデミー」には、芸術のどのカテゴリーも絵画に勝らないという強気な姿勢があり、「アーツ&クラフツ」の芸術家たちは、彼らのエリート志向や上流気取りを嫌っていた。そして、芸術に対するそのような不可解なバリアを排除しようと「ギルド」が立ち上げられたのである。

創設したのは、レザビーをはじめ、エドワード・プライアー、アーネスト・ニュートン、マーヴィン・マッカーシー、ジェラルド・ホーズリーという、ノーマン・ショーの建築事務所に在籍する五人の若い建築家であった。これを機に、ゴシック・リヴァイヴァル様式を過去のものとし、新たな「アーツ&クラフツ」なるものが繁栄していったのである。

この「ギルド」の創設は、建築だけでなく、デザインや工芸の歴史にとって決定的な出来事となった。つまり「アーツ&クラフツ」の精神を持つ美術家や、デザイナー、工芸家、建築家など、異なる分野の芸術家同士が集まり、交流を深め、サポートしあったのである。時にはメンバー同士で一つのプロジェクトを手がけることもあった。ロンドンでは、スローン・スクエアの「ホーリー・トリニティ教会」や、シティの「公認会計士協会」の建物などがその良い例である。

「ギルド」のメンバーに名を連ねたのは、モリスを筆頭に、ジョン・ラスキン、ウォルター・クレイン、セルウィン・イメージ、フランク・ショート、ジョージ・フランプトン、ウィリアム・ストレンジ、ジョージ・クロウセン、ルイス・F・デイなどであった。その誰もが、メイにとっても馴染みのある芸術家ばかりだったのだが、しかしメンバーになれるのは、有無をいわせず男性のみと決まっていた。すでに一線で活躍していながら、女性という理由だけで参加資格がないというのは、メイにとってどんなに屈辱的なことだっただろう。

メイはそれまで何をしても、何かをデザインしても、不完全な父のコピーだとか、モリスのものでもメイのものでもあり得ない、中途半端な作品だといわれることもあったが、自分の役割はあくまで、父と商会を陰で支えるものと割り切っていた。

しかし、「モリス商会」による商品は、社のマネージャーであるジョン・ヘンリー・ダール（後のアート・ディレクター）によって引き続き販売されており、モリス亡き後も、その人気はとどまることを知らなかった。つまり商会から距離を置いても、まだ父の影がつきまとっていたのである。メイには何か、前に進むための転機が必要だった。

さて、メイにはケイティ・アダムスという幼なじみがいた。「ケルムスコット・マナー」に近いファリンドンという街に住む彼女は、コブデン゠サンダーソンから製本の技術を学んだのち、自身のアトリエをレッチレードに構え、エメリー・ウォーカーや「ケルムスコット・プレス」のシドニー・コッカレルから仕事を請け負っていた。

一九〇五年、メイとケイティは、ロンドンのギャラリーで小さな展覧会を開いた。刺繡や製本、ジュエリーを展示したメイは、このとき初めて自分の作品というものに正面から向き合えたようである。そしてこの展覧会を機に、「アーツ&クラフツ」の精神を受け継ぎつつも、モリスデザインとして期待される草花や枝葉に執着したものではなく、幅が広くオリジナリティーあふれるデザインをするようになっていった。

しかし、このように一人の工芸家として独立し、どれほど精力的に活動しても、メイは相変わらず「ギルド」のメンバーにはなれなかった。このことに業を煮やしたメイは、同じ刺繡家であるメアリー・エリザベス・ターナーと共に女性のための協会「ウィメンズ・ギルド・オブ・アート（以下WGA）」を創設した。一九〇七年のことであった。

WGA創設にあたっての演説でメイは、「男性は協会を作り、工芸美術の質を保ち続けました。そうすることで、新鮮で活力に満ちた信念と熱意が保たれるのです。それは人として勤しむための起動力となってきました。WGAは、彼らと全く同じことをするために創設された女性のための団体です」と説明をした。

このWGAは、ギルドと同じようにハマースミスを背景にして繁栄した。ハマースミスは、モリスが移住してからというもの「アーツ&クラフツ」の重要なコミュニティーとなっていた。これからは女性の作家たちも堂々と肩を並べられるのである。これほど刺激的なことはなかっただろう。

初期メンバーには、画家イーヴリン・ド・モーガンや、メアリー・ワッツ（ヴィクトリア朝を代表する画家ジョージ・フレデリック・ワッツの妻）、ジュエリー作家ジョージー・ガスキン、製本家ケイティー・アダムス、彫刻家メイベル・ホワイトなどの工芸家がいた。初代会長にはメアリー・ワッツが選ばれ、メイも名誉幹事として存在感を示していった。

メンバーは主に中流階級の女性であったが、社会的地位は様々であった。一部は大きな規模のアトリエを構える一方で、小さなアトリエが精一杯の人もいた。しかしその多くが、チェルシーやケンジントンなどの高級住宅街近くにあり、一般公開するなどして顧客とのネットワークを広げていった。

特にメイはメンバーの確保に余念がなく、女性美術家を講演会に招待しては、協会を売り込んだ。そして、創設当初三十六人からはじまった協会は、一九二〇年代までには六十人のメンバーを抱えるまでに成長していた。

そのような協会のイベントの一つに定例会があった。男性によるギルドは、裁判所や出版社が集うフリート・ストリートにある立派な「クリフォーズ・イン」を使用していた。彼らによる定例会はもちろん会員だけのためであり、メディアなどは閉め出され、まるで秘密会合のようであった。ある意味独占的なギルドであったが、「クリフォーズ・イン」の使用はWGAにもある程度「認めて」おり、そのためWGAも毎年五、六回ほどは集ることができていたようである。

WGAの定例会では、例えばメイが特に興味を持ったポスト印象派のことを話したり、ユーモアと活気あふれる心地よい会話を楽しんだ。しかしその誰もが、芸術をもてあそぶのではなく、自分の作品を知り尽くしている芯の通った芸術家であった。

メンバーになるためには作品による審査があったが、一度メンバーになると、一般向けのデモや講演などをする機会が与えられた。そして「アーツ&クラフツ展覧会」へ積極的に参加し、プロとして精力的に推進活動をするようになっていった。特に「ロイヤル・アカデミー」で開催された一九一六年の展覧会は、彼女たちにとっても歴史に残る最も偉大な功績となった。

しかしそのような活躍も、長い年月のうちに忘れられていった。原因はWGAに関する記録が乏しかったこともあるが（近年になって大量の資料が見つかっている）、結局は男性工芸家に注目が集まっていったことにあるだろう。

それでも二十世紀という時代は、イギリスの女性たちに大きな活力を与えたのは間違いない。メイの名声も、国内のみならず世界へと広がっていった。

第38章　北米ツアー

一九〇九年十月九日。メイは、ロンドンの港で旅客船「ミネトンカ」の到着を待っていた。行き先は広大な大西洋の向こう側にある大国、アメリカである。

アメリカではちょうど「アーツ&クラフツ」運動が全盛期を迎えていた。イギリスと比べて歴史の浅いアメリカは、新たな知識に飢えていたのである。有力な建築家たちは、革命的な「アーツ&クラフツ」を広めようと躍起になり、新聞への寄稿や講演会に余念がなかった。こうして一八九七年、ボストンで初めての「アーツ&クラフツ展覧会」が開催された。社会と美に対するモリスの思想は、ニューヨークからシカゴ、カルフォルニアへと一気に広まっていた。

メイは五ヶ月に渡り、講演会や展示をしながら、ニューヨークとシカゴをめぐる予定であったのだが、アメリカは彼女にとってほぼ未知の国であった。というのも、モリスはこの国の商業主義を毛嫌いしており、どんなに熱心な招待状も断っていたため、それまではあまり縁がなかったのである。

しかし、一八八二年にはオスカー・ワイルドが「イギリスの芸術復興」をテーマにニューヨークで講演していたし、芸術家ウォルター・クレインや、建築家チャールズ・ロバート・アシュビー、そしてコブデン＝サンダーソンなどイギリスを代表する芸術家たちもすでに海を渡っていた。

今メイは、尊敬する彼らと同じことをしようとしているのである。そして初めて足を踏み入れるアメリカの大地。期待と不安でメイの胸は高鳴っていたことだろう。ニューヨークに到着したメイは、エメリー・ウォーカーにこう便りをだした。

「意外かもしれませんが、私はニューヨークを満喫しています。不思議なものです。ここにはナショナル・ギャラリーもサウス・ケンジントン博物館もありません。友人もいません。退屈するとお思いでしょうが、そんなことはないのです……街の輝きや動きは愉快ですし、建物は不条理を通り越して見事としか言いようがありません。多様な人々がせわしなく動き回っています。奇妙なほど生き生きとしている彼らを、まるで夢の中にいる人のように感じながら眺めています」

地元の新聞はメイのことを、「アートに潜む功利主義という教義を広めるために、イギリスの芸術家で詩人であるウィリアム・モリスの娘がやってくる」などと書きたてた。

確かにメイには「ウィリアム・モリス」の娘という肩書きがあったかもしれない。しかし、彼女自身も決してアメリカで無名なわけではなかった。ニューヨーカーの作家シャーロット・パーキンズ・ギルマンや、シカゴの社会福祉活動家ジェーン・アダムズなどともすでに交流があったのである。

メイはニューヨークでは、リバーサイド・ドライブに住んでいたギルマンの所に滞在した。二人は一八九六年にロンドンで開催された「国際労働社会主義会議」で出会ってから親交を深めていたのである。また、ミシェル・スティルマン（ラファエル前派のモデル、マリー・スパルタリ・スティルマンの息子）が、メイのための小さな展覧会を企画してくれていた。ツアーが成功するかしないかは、このような友人によるサポートが鍵であった。

十月下旬、いよいよニューヨークをあとにした。列車で二十四時間かけてようやくたどり着いたシカゴでは、ジェーン・アダムズやエレン・ゲイツ・スターが設立した隣保館（社会福祉施設）の「ハル・ハウス（東ロンドンの「トインビー・ホール」を手本にした建物）」に滞在した。

メイは、この北米ツアーを企画したウィリアム・B・フィーキンと、前もって講演や滞在の場所を準備していたというが、「ハル・ハウス」は彼女らしい選択だといえよう。何しろメイは、アダムズのように、大義をまとめる力のある女性活動家を尊敬していたのである。

シカゴでは数週間ほど滞在することが許されたが、それからはインディアナポリスやコロンバスなど、州をまたいで数々の講演をこなしていかねばならなかった。その間あまり休む間もなく、列車の旅はせわしないものだった。

短期間で数々の講演会をこなすことだけでも大儀だが、その間、未知の土地を女性一人で旅するのである。冬もせまっており、旅路の多くが不毛地であった。汽車に乗り遅れたときなど、凍えそうになりながら雪の中を歩かねばならず、その日の講演に遅れそうになったことさえあった。ホテルの様子も何もかもが違ったが、ことあるごとに異国文化を親切に説明してくれる付添人などいない。メイにとっては、ホテルマンや馬車人さえも不親切に思えた。

それでも年末年始は、束の間の休暇を楽しめたようである。大晦日には、デラウェア州のウィルミントンにいるサミュエル・バンクロフトの家を訪ねた。

彼はラファエル前派の熱心なサポーターで、数々の絵画コレクションを持っていた。そのほとんどがメイにとって懐かしい旧友たちの作品で、中にはロセッティの代表作「柳」もあった。大海をはさんだこの国で「柳」に再会できるとは、メイも感無量だったはずである。メイの脳裏に、あの幸せだったケルムスコットでの思い出がにわかに蘇ったことだろう。

様々な意味で感情的な新年を迎えたメイは、デラウェアに別れを告げると、今度はフィラデルフィアへと向かった。そこではチャールズ・サンダース・パースとその家族と過ごす予定であった。

フィラデルフィアでは、毎年恒例の「ママーズ・パレード」という祭が開催されていた。大袈裟な衣装で仮装した人々が、通りを気取って踊りながら練り歩くこの祭は、十七世紀に移民によってはじまった民族祭といわれる。伝統を尊敬し、自ら衣裳を制作したことのあるメイは、アメリカという国の奇妙な祭に不思議な絆を見いだしていた。

一月三日、メイはワシントンＤＣに向かい、二月上旬にはニューヨークに戻ったが、その頃には疲労がたまっており、体調が完全に回復するまで数週間を要してしまった。

北米ツアーがメイにとってチャレンジであったのは間違いない。メイが講演会で語ったのは、主にジュエリーや刺繡の歴史と、手工芸品に対する自分の信条であったが、中には商業製品に対する否定的な意見も含まれていた。

「商業製品の生産者は顧客の欲しがっているものを制作しているといいますが、実際は何が欲しいかをわかっていない顧客に与えているだけなのです」

芸術家としての率直な意見だったが、それに対して挑戦的に質問を投げかける聴講者もいた。さらに、行く先々では記者が待ち構えており、芸術とは無関係な質問を浴びさせられることにも気疲れした。

実はちょうどそのころ、欧米社会を中心に女性参政権《サフレイジ》を求める運動が広まっており、イギリスの代表的な活動家《サフラジェット》であるエメリン・パンクハーストもアメリカ各地で講義をしていた。

そのため記者たちは、女性参政権に対するメイの意見を知りたがった。そのような記者たちにメイは「いつか女性参政権が話題にもならない日がくることを望みます」とそつなく答えた。

実際メイは、パンクハーストの講義を聴きにニューヨーク市のカーネギーホールまで出向いており、女性参政権に対しては賛同だったが、自身のことを「サフラジェット」だとは思っていなかった。興味はあくまでも「経済的に平等な女性の権利」だったのである。

聴講者の興味がモリスに向けられることも多かった。しかしメイはプライベートなことに関して一切触れることはなかった。人々は、父の栄光に頼らない娘の姿勢に驚きつつ、同時にそんな彼女に失望した。

親の七光りと思われたくなかったのだろうか。だから意固地になって父のことを語らないようにしていたのであろうか。そうではなく、モリスという存在があまりにも偉大すぎて、たとえ娘であっても、彼の人生を語るのは早すぎると思っていたのではないか。

メイはしかし、ツアーで多くのことを学んだ。もし数年後にもう一度渡米する機会があれば、父の偉業を語る余裕ができていたかもしれない。

北米ツアー用パンフレットに使用されたメイの写真
(Mark Samuels Lasner Collection, University of Delaware Library, Museums and Press 所属)

第39章　最後の恋愛

ツアーを続けるにつれてメイは、移動の困難にも人々の不親切な質問にも、不思議と慣れていったようである。振り返れば、大抵の場合は手厚くもてなしてもらえ、幸運なことに気の合う友人にも出会えることができた。

その一人に、ニューヨークの弁護士ジョン・クインがいた。W・B・イェイツなどのパトロンである彼は、メイをドライブに誘ったり、また、彫刻家ジョウ・デビッドソンにメイの胸像を造らせて贈るなど、異国の地で戸惑う彼女を最大限にサポートした。

メイはそのお礼として、自ら刺繍をした小袋に「ケルムスコット・プレス」による貴重な一冊を入れて贈った。そして、困難な旅の中で、何かと気配りをしてくれる優しいクインに恋心を抱いていった。彼も自分に関心を持ってくれていると思っていた。

しかし、メイの帰国が近づくにあたり、クインの熱は冷めていった。帰国してから一九一七年まで、二人の間では五十以上の手紙が交わされたが、メイがいかに情熱的な手紙を書いたとしても彼の返事は常に形式張っていた。メイとは結婚をすることはないし、彼女が描くケルムスコットでの夢のような生活を共にすることもないとはっきりしていたが、それでも哀願するような手紙をメイは書き続けた。

四十六歳になっても独り身のメイは、そのような自分を母が心配していることを熟知していた。だから自分が大切な人に出会い、どれだけ幸せであるかを伝えて母を安心させたかったが、クインは二人の関係を公にすることを最後まで恐れていた。

一九一一年、クインがイギリスを訪ねてきたときなど、土産に懐中時計を渡されたメイは、はっきりと「指輪のほうがよかった」と言ってみせた。また彼の夢をみては「先日、美しくて理想的な私たち二人の夢をみました。どこかの森にいて、私は白いすみれを摘み取って貴方に見せていたのです。芳しくて素敵でした」と直接伝えたこともあった。

ショーとの恋愛でもそうであったが、メイの情熱はいつも真正直で、逆に相手を及び腰にさせてしまうようである。頭脳明晰なクインは、人並外れた洞察力のあるパトロンであり、芸術家としてのメイに助言やサポートは続けたが、恋愛対象となりうる男性ではなかった。メイの心は、再び傷をおってしまった。

ニューヨークでは、もう一人メイと親しくなった男性がいた。それはチャールズ・リケッツである。リケッツはオスカー・ワイルドの舞台をデザインしたことをきっかけに、舞台デザイナーとして活躍しはじめていた。メイはショーとの過去がありながら、演劇への情熱は決して失っていなかった。そして、観劇にでかけるなど、異国の地で情熱を分かち合えるリケッツとの友人関係を楽しんだ。

このように観劇や演技を楽しんだメイだったが、実は本当の興味は戯曲にあった。そして「レイディ・グリゼルダの夢」と「罪のない嘘」という二つの戯曲を世に残している。「レイディ・グリゼルダの夢」では、主人公グリゼルダが、崇拝する画家を待ち続けるのだが、彼はグリゼルダの情熱を吸い取り、利用し、そしていずれは去っていくのである。まさにショーとメイの物語である。この戯曲が出版されたのは、スパーリングと離婚し、ショーが別の女性と結婚した年であった。

一方、もう一つの戯曲「罪のない嘘」は、一人の青年に想いを寄せる美術教師の話である。しかし敬愛する写真家の父に何かしらの秘密があり、それが二人の恋を妨害するのである。この「罪のない嘘」は百部印刷されたが、結果的に一度も舞台として演じられることはなかった。

このように、どちらの戯曲も決して成功したとはいえなかったが、この経験はメイに執筆の自信をつけさせたようである。

アメリカは不思議な国である。この国での「アーツ&クラフツ」はどちらかというと、デザインよりも物を作るという作業に意味を見いだしていた。そのためか、地域によって異なるデザインが確立しているようであった。また、自ら創作することが定着しており、刺繍キットやノウハウ本などが好評を博していた。

それにこの国での「アーツ&クラフツ」運動は、まるで亀のようにのんびりと広がっているように感じた。初めて「アーツ&クラフツ」展覧会が開催されたのも、イギリスから遥かに出遅れた一八九七年四月のことであった。

しかし、ボストンにある「コープリー・ホール」での展示に出品した百六十人の工芸家のうち、約半数が女性作家だった。母国ではメイが、女性のためのWGAという協会を創設したばかりであったことを考えれば、女性権に対しては、ある意味アメリカはイギリスよりも先進的であったのかもしれない。

北米ツアーは確実にメイの成長を助けた。ツアーを通して自分のことを深く理解し、自分だけの言葉をみつけたのである。これからは、モリスの影で活動をするのではなく、自身が一人の芸術家として、芸術で世界を変えていこうと思った。そして、ツアーが終わる頃には、父についての本を執筆する覚悟ができあがっていた。

イギリスに戻ったメイは、父のための作品集『ウィリアム・モリス著作集』の編集に取り掛かり始めた。

第十二部　別れと出会い

第40章　ウィリアム・モリス著作集

一九一〇年五月六日、エドワード七世が崩御した。国王ジョージ五世が即位すると、時代は近代へと移り変わっていく。

この時代のイギリスでは、社会主義や共和主義、そしてファシズムやアイルランド共和主義の勢いが増していた上、インド独立運動も高まっていた。イギリス帝国の政治的立場が、根本的に変わろうとしていた。

メイが『ウィリアム・モリス著作集』に取り掛かったのは、そのような時代だった。実はモリスに関する伝記出版の話は、彼が亡くなる以前から各方面で浮かび上がっており、結局バーン＝ジョーンズの娘婿、ジョン・ウィリアム・マッケイルによって『ウィリアム・モリスの人生（一八九九年）』が出版されていた。

この際、私的にも政治的にも、最もモリスに信頼されていたというジョージアナが情報を提供したというが、メイは、マッケイルの伝記では、芸術家としてのモリスのことが十分に理解されないと感じていていた。そのため自身の『ウィリアム・モリス著作集』では、その分を完全に補いたいと考えていた。

とはいえ、モリスが残した文書や草稿は、想像を絶するほどの量だった。それまで編集者として表立つことのなかったメイである。モリスの文章と、世に出なかった作品などを選んでまとめることは、決して容易なことではなかった。それに編集だけでなく、各巻の前書きも執筆することにもなっていた。

メイの肩にはどっしりとした重荷がのしかかっていた。少しでもヘマをしたら人々は肩をすくめて「これだから女は！　なぜマッケイルにやらせなかったのだ」と言うに違いないと感じていた。なにしろ情報源は、メイがモリスの娘として育ったという以外はマッケイルとほぼ同じであったのである。

プレッシャーはそれだけでなかった。未発表の詩の扱いに対して、モリスの周辺では「作者が亡くなっているのに出版するべきではない」とか、「未発表だからこそ全集に入れるべき。そうでなければ燃やすべきだ」とか、意見が真二つに分かれていたのである。さらに、時代は近代へと移り変わったばかりで、世間はモリスの政治的視点が重要であるとしていた。しかし、出版社「ロングマン」は、特に「地上の楽園」と「ヴォルスング族のシグルズ」など、モリスの詩を優先したいと考えていたこともメイを悩ませた。

それでも最大のチャレンジは、アイスランド人のエイリクリ・マグヌソンだったようである。彼は、モリスと手がけた「サガ」の翻訳を一から見直して修正すべきだと主張した。そのためメイには、彼が不機嫌になることを覚悟しながら断わる勇気が必要となったのである。最終的に著作集は二十四巻というボリュームになり、全巻完成までに五年の月日が費やされた。

編集者としてのメイは、難しい立場に置かれていただろうと思う。父であるモリスを評価しなければ裏切り者と言われ、褒め称えれば媚びだと言われる。あまりにも膨大な量の資料に「出版社は急かしますが、多くの書を参照していくことは気の遠くなるような作業です。しかも私は一人で行っているのです」とぼやいたこともあった。

結果的には重圧に負けず、父に関して公平に評価したようである。例えば、モリスは激昂することで有名であったが、そのことも認めた上で全体論として「実は感情的に控えめであり、親しい友人の間でも気持ちを自由に表現することができない人物であった」と言及した。また、章の中にはモリスの伝記的な部分もあり、そこではまわりの意見に左右されることなく、メイ自身の記憶がそのまま語られた。何しろ娘として見てきたモリスの姿を、そのまま表現すればよかったのである。

しかしそこに、両親の仲違いや、不貞をほのめかす文章などは一切なかった。

思えばジェーンは、ブラントに向かって、「モリスを一度も愛したことがなかった」と断言したかもしれない。しかし一度たりとも娘に向かって、モリスをけなしたりせず、娘への手紙でも常にモリスのことを「親愛なるお父さま」と呼んでいた。メイのために資料を提供したロセッティの弟ウィリアムも、二人の関係を知っていたはずであるが、決して口外しなかったようである。

ウィリアムもまた、ジェーンのことを、「彼女の表情は瞬時にも悲劇になり、ミステリアスでありながら穏やかで、優しく、美しい。イギリスにありがちな顔ではなく、ギリシャのイオニア人のようで、まさに彫刻家や画家のために存在した」と称えるほど、その美貌に惚れ込んでいた。

メイにとっては、ロセッティもまたこのウィリアムのように、画家としてジェーンの美を崇拝していただけであったかもしれない。

モリスがアイスランドに行っている間、母とロセッティは、ケルムスコットで楽しい夏休暇を過ごしただけであった。二人が交わした膨大な量の手紙は、ロマンチックではあったが無邪気なものだった。メイの中に存在する両親の記憶は、このように守られており、純粋だったと思いたい。メイは章の最後を、「モリスの成功に一番貢献したのは母である」と締めくくった。

ジェーンは単なるモデルではなく、素晴らしい刺繍家でもあった。妻としては完璧でなかったかもしれないが、刺繍家としてモリスを支え続けたのは間違いがなかった。

しかしどこか控えめで、モリスの政治的や宗教的な意見に賛成も反対もしなかった。ブラントがジェーンに対して自伝を書くように提唱した時など、「私は何もしていないのに、どうして書くに値しましょうか」とあしらったほどであった。

ところがメイの『ウィリアム・モリス著作集』のために当時のことを語るうちに、様々な記憶が蘇っただろう。ジェーンは、マッケイルによるモリスの伝記にはあまり関心がなく、非協力的であったが、メイには、欠如している部分を埋められるように、できる限りの情報を提供したようである。例えば、モリスの母から伝え聞いたという幼少時代の話だとか、カソリックの教えに畏敬の意を抱いていたが、異教徒《ペイガン》であると断言していたモリスの宗教的観点などである。

ジェーンはまた、右も左もわからないまま、素材探しから手探りではじめた「レッド・ハウス」時代のこともメイに語って聞かせた。当時は技術を学べるような場所もなく、ジェーンもモリスも試作を繰り返すしかなく、成功しても成功しなくても全てが労働だった。しかし、たとえ不成功に終わったとしても、若い二人にとってはそれさえも愉快に思えたのである。青い毛織物を試験的に使って完成させた「デイジー」は、ジェーンにとって特に想い入れのある作品であった。

そのように、両親が「手探りで作り上げた邸宅」を一度は見ておきたい。メイは、ジョージアナと共に、両親が再び足を踏み入れることのなかった「レッド・ハウス」を訪れた。

そこには、当時の家具やステンドグラスがそのまま残されていた。決して大きな家ではないが、豊かな空間で満たされていたことがしっかりと伝わった。メイはこの時ようやく、父の人生の根源となった信念を完全に理解できた気がした。

二人は、ホールの扉ガラスに自分たちの名前を刻み込んだ。メイとジョージアナには、「レッド・ハウス」を訪れるのはこれが最後だとわかっていた。

第41章　メアリー・アニー・スローン

一九一二年の復活祭の日、「ケルムスコット・マナー」に一人の女性がやってきた。それはメアリー・アニー・スローンであった。

メアリーはレスター出身の才能ある芸術家である。父は医者であり、裕福な家庭であったが、「ナショナル・アート・トレーニングスクール」で銅版画を学ぶなど、当時の一般的な中流階級の女性としては珍しく革新的な教育を受けていた。彼女を指導した教員イーディス・ギティンスは「サフラジェット」であり、「アーツ&クラフツ」を尊敬していた。イーディスに影響を受けたメアリーは、WGAに参加すると、経理として会に貢献していたのである。

それからというものメアリーは「ケルムスコット・ハウス」と「ケルムスコット・マナー」の両方を定期的に訪れ、メイと親友のように親しくしていた。その日も「ケルムスコット・マナー」を訪れていたメアリーは、到着するなり「モリスの寝室」や「タペストリールーム」の水彩画を描き始めた。

一方のメイは、相変わらず『ウィリアム・モリス著作集』の編集に勤しんでいたが、その作業は思った以上に難儀だった。特に風疹にかかってしまってからは、精神的にも体力的にも限界に感じるようになっていた。

ハマースミスの隣人で、良き理解者であったエメリー・ウォーカーは、そのようなメイを心配した。何しろ、晩年「チューサー」という大作にとりかかっていたモリスも、同じような気苦労を重ねて体調を崩していたのである。メイも父に似て何に対してもとにかく努力家で、父の時と同じように、「今すぐに作業を中止して温暖な場所で養生するように」と医者から言われていた。

そこでウォーカーは、友人リンド＝ウェッブ夫妻をメイに紹介した。彼らは一九一一年からスペインのバレアス諸島最大の島、マヨルカ島に定住していたのである。マヨルカは、当時まだ旅行先としてはメジャーではなかったが、冬でも温暖であり、メイが養生するには最適に思われた。メイは、メアリーと共にマヨルカ島を訪れることにした。

一九一三年五月三日、二人はＳＳグリーヴ船に乗ってイギリス海峡を渡り、ヨーロッパ大陸へと向かった。メイは父と同じく、単純なリゾートには興味がなかった。どうせ大陸に行くならば、フランスやスペインにあふれる中世芸術をみなければ意味がない。それはまるで、モリスとジェーンの新婚旅行さながらの計画となった。

まずフランス南部のトゥールーズに行き、アルビ、そしてカルカソンヌへと列車で移動したが、メイは特にトゥールーズのロマネスク建築「サンセルナン教会」に感嘆した。

それからはバルセロナに滞在し、アントニ・ガウディが設計建築に取り組んでいた「サグラダ・ファミリア」を観光した。普段はモダン建築に否定的なメイであったが、「サグラダ・ファミリア」はどこかロマンチックな雰囲気があり、彼女の好奇心を刺激した。

最初はこのように旅行者らしく観光地に出向いたり、マーケットに行ったりしていた二人だったが、リンド＝ウェッブ夫妻が住むフォルナルッチの近くの小さな村を訪ねてからは、計画を一転させてしまった。

その村はとにかく素朴で魅力的だった。豊富な青果物が主な収入源となっていたため、出荷前のレモンが山積みになっていたり、村人たちがオリーブをつぶしていたり、とうもろこしの脱穀などを手作業でしていることが日常であった。家の戸口に座って、一日中刺繍や編み物をする女性の姿も多くみられた。

そのような村の生活にすっかり惚れ込んでしまった二人は、近くの古民家を借りて家政婦を一人雇うと、まるで地元民のような生活をはじめてしまったのである。そして何気なく日常にあるものや、素朴な人々の姿を描き続けた。ここでは陶磁器や鍋など、なんてことないものでも愛らしく感じた。

メアリーは画家だったが、手工芸に対しても興味があり、メイと情熱を分かち合った。十年前、オークニー諸島の「メルセッター・ハウス」で糸紡ぎの技術を習得していたメイは、村に手紡機があるとわかると興奮を隠せなかった。

しかし、このような昔ながらのマヨルカの村でさえ、国の伝統工芸は廃れ始めていた。それでも産業化が急激に進むイギリスとは比べ物にならないほど人間味あふれる国で、メイにとって理想郷に思えた。それは、モリスがアイスランドに見出した感情と同じであったかもしれない。

二人はまた、ハイキングに行ったり、イギリスの中流階級の女性として恥もなくストッキングを脱いで川に入っていったり、まるで子供のようにはしゃいだ。三ヶ月を過ごしたマヨルカで絆をさらに強くした二人は、イギリスに戻るとそれまで以上にＷＧＡに貢献していった。

マヨルカを満喫するメイ51歳。メアリー・スローン撮影と思われる
(Mark Samuels Lasner Collection, University of Delaware Library, Museums and Press 所属)

第42章　母の死

晩年のジェーンはもの静かであった。年をとるにつれて、病弱な者には不向きな場所をさけるようになっていた。

とはいえ、長期にわたって一カ所に留まっていることは稀で、夏は「ケルムスコット・マナー」で過ごし、冬は義姉と姪が住むライム・リージスや、メイの住むロンドンなどを行き来した。濃霧がひどいロンドンは、本来であればジェーンの健康によくなかったが、彼女にとっては好きな音楽を楽しめる唯一の場所であった。

それにロンドンには、若かりし頃、ロセッティのために共にモデルをしたマリー・スティルマンや、コブデン＝サンダーソンの義姉ジェーン・コブデン、ウェッブなどの旧友が住んでいた。中でも最も親しくしていたのはイーヴリン・ド・モーガンだった。十八歳でモデルとしてラファエル前派に仲間入りしてから、数々のポーズをこなしてきたジェーンであったが、モデルとしての最後の仕事はイーヴリンの「砂時計」（一九〇四年）となった。

しかし、ロセッティに翻弄され続けた彼女の健康状態は不安定で、六十代半ばで夫と死別してしまってからは鬱に悩まされるようになっていた。それに加え、娘ジェニーの症状もますますひどくなっていた。

ジェニーには臭化カリウム（一八〇〇年代に抗痙攣薬や抗不安薬として用いられていた）が処方されていたが、それによって言語障害がひどくなり、誰かに話しかけられなければ自ら口を開くことがなくなってきていた。もうジェニーはよくなることはないと、家族全員が諦めはじめていた。

ジェーンの友人たちは口を揃えて「オックスフォードを引き払ってロンドンに定住するほうがい い」と提案したが、「ケルムスコット・マナー」は、ジェニーが唯一幸せでいられる貴重な場所である。ジェーンには、そこを離れることなど考えられなかった。

メイには、そのような母の気持ちが痛いほどわかっていた。それでも母を説得しようとする「有害な」友人たちには「マナーを離れるように母がこれ以上説得されたとしたら、私はこの国を去ります」と宣言したほどであった。

そのような周辺からの重荷もあり、ジェーンは「ケルムスコット・マナー」の行く末を案じ始めた。娘たちのためにもマナーを確保しなければいけない。そう感じたジェーンは、それまでリースであったマナーを買い取る決心をした。大家であるホッブスとの交渉は、トラストを通して行われたため、ジェーンもメイも権限はなかったが、少なくとも強い意志を持って経過を見届けただろう。

そして一九一三年十二月。「ケルムスコット・マナー」が、ようやく決定的にモリス家のものとなった。ジェーンがいかに安堵したかは想像に難くない。すでに七十四歳であったジェーンは、その冬はケルムスコットには戻らず、バースで新年を迎えることにした。

そして年が明けた一九一四年一月二十六日。おそらく「ケルムスコット・マナー」を娘たちに残すことができたという安堵感と、その責任から解放されたという脱力感があったのではないか。結果的にジェーンは、家主として「ケルムスコット・マナー」に足を踏み入れることはなく、そのままバースの街で息をひきとった。

「天性のものか、または修業によって、色彩とデザインに対する確かな審美眼を持っていた。それはほぼモリスと同じぐらいの能力だといっても過言ではない。稀に見る独特な美貌は、本人の意思に反して彼女を有名にした。豊かな黒髪と象牙色の肌、繊細な顔立ち、美しい手、大きな灰色の瞳を知らぬものはいない。しかし亡くなるまで失うことのなかった彼女の優しさと、無邪気で機知に富んだ性格のことは、ほんのわずかな友人の間でしか知られていなかった」

ザ・タイムズ紙は、このような記事でジェーンを追悼した。

一月二十九日、ジェーンの柩を乗せた自動車がバースを離れ、ケルムスコットへと向かった。教会には村の人々だけでなく、スティルマンなどの旧友が集まっていた。そしてモリスと同じ墓に埋葬されるジェーンを見届けた。

メイは母を失った悲しみにくれている暇はなかった。というのもこの年「モリス商会」は、パリで大規模な展覧会を企画していたのである。すでに商会から離れていたメイであったが、それでもカタログに載せる序文を書いたり、パリまで出向いて展覧会に貢献した。

その努力の甲斐あって、展覧会は大成功を収めた。特に、商会のタペストリーで飾った「モリスの部屋」は圧巻であった。訪れた人々は、質素でありながら威厳のある展示品に酔いしれた。モリスにとっても、ジェーンにとっても、最高の追悼となっただろう。

それから間もない一九一四年七月二十八日。オーストリア＝ハンガリー帝国がセルビア王国に宣戦布告した。第一次世界大戦の勃発である。メイは、パリから展示品を回収することに奔走しなければならなくなった。展示会場にあふれていたあの幸福感は、あっという間に儚い夢物語となってしまった。

不安定で先の見えないこの時代、五十二歳になったメイは、戦時中も自分のための刺繡やデザインは続け、以前にも増して芸術を支える努力をした。しかし一方で、商業的な立場からは身をひいていった。

幸いなことに、メイとジェニーには「モリス商会」の財産から同等の資産が与えられおり、二人とも経済的に困ることはなかった。それにもう「ケルムスコット・マナー」から追い出される心配もなかった。しかしジェニーは、母が亡くなった後は、近くの特別施設で生活をするようになってしまった。大好きな「ケルムスコット・マナー」を離れるとは、いかに辛いことだったろうか。「ケルムスコット・マナー」に一人残ったメイは心細かっただろう。二人の家事手伝いと一人の庭師がいたとはいえ、これからはマナーの主人として切り盛りするのは自分しかいない。健康ではなかったかもしれないが、それまではジェニーがいてくれた。

メイは、庭仕事と刺繍で常に忙しくしていた。ウィリアム・モリスに関する講演を頼まれれば、滅多に断らず、その度にロンドンまで出かけて行った。そうすることで寂しさを紛らわせていたのかもしれない。

思えばメイは、母を亡くしてから、パリの展覧会や戦争と、さまざまなことに追われて喪に服す余裕もなかった。そろそろ母の追悼碑となるようなもの建てたい。そう思ったメイは、母が建てた「メモリアル・コテージ」と同じような建物を村に提供する計画を立て始めた。

第43章　マナー・コテージ

当時、ケルムスコットの村には三十人ほどの子供がおり、教会の向かいにある小さな建物を学校として使っていた。しかし、先生をしていたリリー・ハントリーはレッチレードに住んでおり、雨の日も嵐の日も、五キロの距離を自転車で通わなければならなかった。彼女は日曜日でも教会にやってきてハーモニウム（鍵盤楽器）を演奏するなど、教育だけでなく、村の活動にも熱心であった。

メイはそのようなハントリー先生を心配し、村に移住することを勧めたが、ケルムスコットの住宅不足問題はいまだに解決していなかった。村のほとんどのコテージは農家が所有し、そこで働く労働者が使っていたのである。

そこでメイは、ハントリー先生と子供たちのためにコテージを建てようと考え、親友であり顧問であるエメリー・ウォーカーと、シドニー・コッカレルに相談を持ちかけた。

ウォーカーとコッカレルは、メイのことを心配するあまり「そろそろ旅行を楽しむなどして、自分のために費やしたらどうか」と提案したが、メイは一人旅には全く興味がなかった。ましてや気の合わない人と旅するなど、無意味にしか思えなかった。それよりも、両親や、村のためになる建物に費やすことの方が明らかに有意義だったのである。

三人は、アーネスト・ギムソンに相談を持ちかけた。ギムソンは、産業の街レスター出身で、モリスに影響を受けた建築家の一人である。祖父は大工、父ジョサイアは鋳物師《いもじ》で、もう一人の息子と共に「ギムソン商会」という技術会社を経営していた。

まさに産業化の恩恵を受けた裕福な一家であったが、当時レスターは、急激な産業化の結果、人口過密や貧困、伝染病などの問題が増加しており、それに伴って「急進主義の街」として頭角を表しはじめていた。一八五一年、世界で初めての世俗主義協会「レスター・セキュラー・ソサエティー」が創立されたのもこの街であった。

モリスは生前、その「レスター・セキュラー・ソサエティー」のために社会主義に関しての講演をしたことがあった。そこでまだ若かったアーネスト・ギムソンに出会ったモリスは、彼の中に潜在する才能を見抜き、ロンドンの建築家ジョン・D・セディングのもとで修業するように勧めた。ギムソンがやがて「アーツ&クラフツ」を代表する建築家となったのは、このときモリスから受けた助言のお陰であった。

さて、メイからコテージの相談を受けたギムソンは、快く引き受けてくれた。それは依頼主が恩師の娘だからということもあっただろうが、それだけでなく、二人がほぼ同世代であり、お互いに信頼関係を築いていたこともあるだろう。

建築家で家具デザイナーでもあったギムソンは、メイと同じようにパターンデザインや刺繍などにも興味を持っていた。最初は親しい友人というよりも「アーツ&クラフツ」の運動家としてお互いに尊敬し合う仲であったが、展覧会などを通して次第に親密になっていた。母の記念碑としてのコテージを建てるならば、ギムソンしかいない。メイはそう確信していた。

こうして一九一四年十一月、「ケルムスコット・マナー」から野原を挟んだ向こう側に「マナー・コテージ」が完成した。二軒のコテージが隣接するようにデザインされており、そのうちの一軒は教室として使われ、隣はハントリー先生の住居となった。ジェーンは日頃から村の福祉を心配していた。自身のための記念碑的な建物が教育に貢献したこと、そして、それをやり遂げたメイのことをおそらく誇りに思ったことだろう。

メイはコテージの完成に心を躍らせた。当時、いわゆる記念碑的な建築というものは大袈裟なものが多かったが、「マナー・コテージ」は控えめで、村に馴染む自然な建物となった。メイは度々「ケルムスコット・マナー」から野原を横切って学校を訪ねていき、子供達にモリスの話を語って聞かせた。

ギムソンもコテージの出来合いには満足していた。しかし建物は完成したかもしれないが、まだ庭の整備をする作業が残っていた。「マナー・コテージ」が村の役に立つということが嬉しかったメイは、庭中に散らばる石塊を自ら取り除きはじめた。

そのようなメイの傍に、ウォルター・ギッシングという少年がいた。ギッシングは、ヴィクトリア朝を代表する作家ジョージ・ギッシングの息子で、ギムソンの元で修業をしていた若者である。まだ二十代になったばかりであったが、美しく読みやすい文字というものを理解しており、手先が器用で有能であった。「マナー・コテージ」の壁にJM BUILT BY MM（ジェーン・モリスのためにメイ・モリスによって建てられた）というローマン体の文字を彫ったのも彼であった。

メイとギッシングは、庭作業をしながら、まるで古くからの友人のように親しくなっていった。彼の才能に感心したメイは、少女のように興奮しながらコッカレルにこう伝えた。

「いいことを思いついたのです。墓石の碑文をギッシングに刻んでもらうことにしました！」

しかしギッシングは、それから間もなくして、大戦に召集されていってしまった。

一九一六年の七月、一通の悲報が村に届いた。それは、ギッシングが戦死したという知らせだった。大戦中、最も残酷といわれた「ソンムの戦い」であった。メイが依頼した母のための碑文は、ギッシングによる最後の仕事となってしまった。

第44章　第一次世界大戦

ギムソンの元から召集されていった若い弟子は、決してギッシングだけではなかった。そしてその誰もが、将来有望な若者だったのである。このことは、それまで伝授されてきた伝統工芸の技術が滅び尽きてしまう危険性を暗示していた。

メイは父の言葉を思い出した。

「なにか凄まじい惨事が国に起きたとしても、それは人々に質素で良質な生活をもたらすかもしれない」

その父でさえも想像を絶する「凄まじい惨事」がついにやってきてしまったのである。

戦争が終わった時、一体何をもたらすだろうか。モリスが育んだ「アーツ&クラフツ」の精神を絶滅させてしまうことだけは、何としても避けなければならない。そう焦ったのはメイだけではなかった。

「手工芸は、設計と建築に関わって初めて最大限の力を発揮するのである。それまでは無意味であり、発展はしない」

このような考えを持っていたギムソンは、とにかく技術を次世代につないでいくことに全力を注ぐようになった。

彼はコッツウォルズにある小さな村「サッパートン」に土地を購入し、バーンズリー兄弟（アーネストとシドニー）と共に工房を構え、工芸品に対するワークショップを開いた。それは、家具や木工だけでなく、鉄工や銀細工、ジュエリー、彫刻、モザイク、壁画、紡績、織り、染色、刺繍などにまで及んだ。

サッパートンの村は美しい谷の底にあり、曲がりくねるテムズ河とセヴァーンの運河の合間に点在している。昔は最大限に利用されていたと思われる運河はよどんでいるが、ギムソンは、そのうちこの村にも人々が戻りはじめ、運河も再び機能するようになると信じていた。そしてその時には、工房で製作された商品も運んでくれるだろうと期待を寄せた。そのような日がくるまでギムソンは、地元民を雇用し、伝統的な手工芸の技術を発展させていくことに懸命になった。

その年、第十一回「アーツ＆クラフツ展覧会」が開催される予定であった。会場として初めて

「ロイヤル・アカデミー」のギャラリーが使われることになっていたが、大戦中ということもあり、実現するにあたって物理的にも世間体にも障害は多かった。

しかし、メイとギムソンの熱意が展覧会開催を後押しし、当時の会長ヘンリー・ウィルソンも「戦争が終わってからでは手遅れになる！　やるならば今しかない」と断固とした決意をもっていた。それに、会員の大半が開催に希望を見いだしていたこともあり、展覧会は無事に決行されたのである。

メイとギムソンはこの展覧会で、二つの部屋を共同製作した。一つ目の部屋では、それぞれの作品に焦点をおき、もう一つには、WGAのメンバーによる作品を展示した。そこには、サッパートンの工房で製作された家具や、メイがデザインをして、レスターやバーミンガムなどの美術学校の生徒が刺繍をしたカーテン、WGAの仲間たちと共に製作したクッション、そして自身によるジュエリー数点もあった。

戦時中ではあったかもしれないが、第十一回「アーツ&クラフツ展覧会」は、それまでで最も優秀で最大規模の展覧会となったようである。芸術家と工芸家は、戦争を通してますます固い絆を結んでいた。

一方で、国の食糧不足は深刻さを増してきていた。特にケルムスコットなどの農村では、労働者の栄養不足が心配された。農家の多くには、自分達のための野菜を育てる時間も土地もなかったのである。

実質的に「ケルムスコット・マナー」の女主人となったメイは、そのような労働者たちに無料のスープを配るなどして貢献した。何しろケルムスコットにはまだ、電気や水道管、排水設備もなかったのである。農婦の家事負担を少しでも減らせるように、共同キッチンのようなものを設置しようとしたが、日中は畑仕事をしている彼らには、それもあまり意味をなさなかった。

メイはそれまでもモリスの信条を守り抜き、芸術を通して女性が独り立ちできるように努力を続けてきたが、戦時中の村ではそれすらも叶わない。自分の力が足りない気がしてならなかった。軍需品用の食堂でボランティアをしたり、ベルギーの避難民に衣類を作ったり、また、海軍艦艇に果物の詰まった樽を送ったりと、自分のできることに対して活動を続けたが、挫折感は相当なものであっただろう。

このような背景から、第一次大戦中のイギリスでは、農村の女性たちを援助する目的で「婦人会」が結成されるようになった。そして一九一六年六月二十二日には、ケルムスコットの村でも「婦人会」が発会された。

「婦人会」による集会では、農家の人々による保存食の実演や、地元の銀行支店長がやってきては、戦時公債に関する説明がなされた。この時はジェニーも車椅子でやってきて、村の子供たちによるフォークソングやダンスを見学したという。

このような集会は定期的に行われたのだが、メイは会の後援者というだけでなく、会長役を務めることもあった。参加した女性たちはその度に、イグサを使ったバスケットやマットなど、日常において役立つ技術を学んでいった。これらのバスケットなどは、ケルムスコットに限らず全国の婦人会で作られ、やがてアメリカなどに売られていくことが恒常化していた。

しかし、大戦はますます激化するばかりであった。それと共に若者が次々と召集されていき、農村では働き手がますます足りなくなっていた。

そこで、戦地に行ってしまった男性に代わって農事をする女性が集められ、「ウォーマンズ・ランド・アーミー」が結成された。彼女たちは通称「ランドガール」と呼ばれ、農業技術を学ぶと、それまで男性の農夫がやってきたことと全く同じ仕事をこなした。国からは作業着として、オーバーオールやコーデュロイ製の乗馬用ズボン、ゲートルという深靴、カーボーイのような帽子が支給されたが、その風貌がまるで男性のような出で立ちであったため、国は、今までと同じように女性としての気風を保ち、自重するように呼びかける始末であった。

ケルムスコットの村にも、やがてメアリー・ロブという一人の「ランドガール」がやってきた。そして地主ホッブスに雇われると、主にトラクターを使った仕事をこなした。彼女はコーンウォールの農家出身で、すでに家畜や農業機械に関する十分な知識があった。ケルムスコットの村では、そのような人材は貴重であり、歓迎されると誰もが思っただろう。

しかし、くせのある髪を常に短く保ち、男性のような体格で大きなトラクターを難なく操るメアリー・ロブは、どことなく風変わりに思われた。農夫と共に働く「ランドガール」は、もともと男性たちから煙たがられることも多かったが、メアリー・ロブは特に下品で、生意気だと思われた。

やがて村の男性たちから、彼女に対する苦情が寄せられるようになり、雇い主であるホッブスはメアリー・ロブを解雇するしかなくなった。彼女がケルムスコットにやってきてから、ほんの数ヶ月しか経っていなかった。

普通とはいえない家庭で育ったメイは、この風変わりな女性を怪訝に思うわけではなく、逆に興味を抱いた。そして、メアリー・ロブを専属の庭師として雇い始めた。確かに彼女は声が大きく、言いたいことを包み隠すような人格ではなかったかもしれないが、その分熱意のある陽気な女性に思えた。それに、戦争で気落ち気味な村に、彼女の明るさはありがたかったはずである。メイは、十五歳年下のメアリー・ロブとすぐに意気投合した。


一九一八年十一月十一日、ドイツが降伏し、ようやく第一次世界大戦が終結した。

イギリスにとってこの年は「終戦の年」というだけでなく、史上初めて女性に投票権が与えられた年でもあった。それまで多くの犠牲を払ってきた「サフラジェット」の戦いが、ついに成果を収めたのである。それでもまだ投票できる女性は一部のみであったが、二十一歳以上の全ての国民が投票権を得ることになるのは時間の問題であった。

イギリスの女性にとって、新たな時代の始まりであった。

第十三部　ケルムスコット

第45章　ケルムスコット・マナー

その晩メイは、馬車に乗ってレッチレードから「ケルムスコット・マナー」に向かっていた。昨夜の雨で浸水してしまった牧草地を、月明かりが鈍く照らしていた。哀愁ただようその景色に、ますますケルムスコットが愛おしく思うようになった。

一九二二年、六十歳になったメイは、いよいよロンドンを離れて「ケルムスコット・マナー」を終の住みかとする決心をした（「ハマースミス・テラス八番」は親友のメアリー・アニー・スローンが引き継いだ）。メイには生活に困らない基金があったが、「ハマースミス・テラス八番」を手放した背景には、リースを払い続ける余裕がなかったこともあったと思われる。

そのためか、ケルムスコットに移ってからも贅沢を嫌い、自給自足をしながら質素な日々を送った。当時イギリスでは、すでに百八十もの自動車工場が稼働しており、自動車も普及していたのだが、メイは相変わらず荷車や自転車で移動した。

幸いメイには、ブラントから譲り受けたアラブ種の雄馬がいた。前頭に白い星形の模様があったため、ラテン語の星（astra）から「アストラ」と名付けられたその雄馬は、普段「ケルムスコット・マナー」と「マナー・コテージ」の間にある野原に放牧されていた。母とエジプトを訪れた時は乗馬もできず、ブラントを困らせたメイであったが、ケルムスコットでは堂々と「アストラ」にまたがって隣人を訪ねたり、馬車をひかせて街に繰り出していた。

「ケルムスコット・マナー」は昔から常に簡素だった。なにしろメイが定住する頃になって、ようやく風呂場と手洗いが備え付けられたほどだったのである。ジェーンは生前、そこでの生活を「ピクニックの延長」と言っていたし、あるゲストなどは「古風で素敵だが、しかしやれやれ、何ともアーティスティックなこと！　我々は、もうどうしようもなく辛いほど地味なダイニングルームに一列になって座るしかなかった」と不平をこぼしたこともあった。

　しかし質素ではありながらも、メイは女主人としての品を失ってしまうほど極度の倹約などはしなかった。ある日、神経解剖学者のウナ・フィールディングが訪ねてきたのだが、彼女はそのときのことをこう振り返っている。

「テムズ河のほとりにあるマナーの室内は、常にジメジメしていました。浸水対策としてピアノが床から持ち上げられていたほどです。それでも、壁に色褪せた『いちご泥棒』がかけられた小さなダイニングルームも、出されたお茶と手作りのケーキも、そこでは何もかもが美しかったのです。メイの肌は透き通るように白く、髪は白髪混じりでした。可愛らしい白いブラウスを着た姿は、まるで氷の女王のようでした」

さて、当初は庭師として雇われはじめたメアリー・ロブであったが、やがて「ケルムスコット・マナー」に住み込み、家政婦や料理人、友人、そしてアルマナー（医療ソーシャルワーカー）と多くの役割を果たすようになっていた。

とにかく彼女は、メイに対して誰よりも献身的だったが、このような二人の関係は、様々な憶測を呼び起こすようになった。これは、未婚の女性二人が同じ屋根の下に住んでいるということもそうだが、メアリー・ロブが男のような風格だったためもあるだろう。

しかし、彼女が村にやってきたとき、国はまだ戦争のまっただ中だったのである。男手がますます足りなくなっていた上、六十歳近くになるメイが一人で「ケルムスコット・マナー」を切り盛りするのは過重であっただろう。そこは電気も水道管も、暖房ももちろんない田舎の家である。厳しい冬に備えて丸太を切るなど、やることはきりがなかった。メアリー・ロブを頼ったメイを一体誰が責められるだろうか。

二人の日課は、朝八時に朝食をとることから始まった。天気のいい日には、朝食だけでなく、三食全てをキッチン側の外ポーチでとった。九時半になるとメイは、庭の手入れをしてから菜園でその日の野菜を選び、あとは昼まで書き物か縫い物をしていた。

村からは二人の少女が毎日やってきて家事を手伝っていた。客人がいない時は、その少女たちと昼食を共にすることもあった。そして午後はまた、書き物か刺繍デザインの仕事をこなした。

メイとメアリー・ロブは、外見も性格も正反対だったが、共通点が一つだけあった。それは二人とも自然を愛していたことである。メイはメアリー・ロブと庭いじりをするのが好きだったが、その時のメイの身なりは本物の庭師さながらであったという。

ある日、メイが前庭のツルを剪定していたときのこと。背後から客人に声をかけられたメイは、まるでいたずらっ子のように「私は庭師ですから」と言い、そそくさと中に入っていった。そして颯爽と着替えなおすと、メアリー・ロブによって中に案内された客人の前に現れたのである。客人は、あの庭師が実はマナーの女主人だったとは未だに気づいていないだろう。

思い返せば、ウォーカーとコッカレルから旅行を提案された十年前、メイは旅には興味がないと断っていた。しかし六十歳になり、メアリー・ロブと出会ったメイに変化が現れた。二人は共にテントを担ぎ、キャンプをしながら全国を旅してまわるようになっていたのである。旅先はコーンウォールから、ノーサンバーランド、ランカンシャー、ウェールズ、そしてアイルランドやスコットランドにまで及んだ。メアリー・ロブの存在が、メイに活力と安心感を与えていた。

そして一九二四年、メイはある決心をした。それは父の足跡を追ってアイスランドに行くことであった。

モリスがアイスランドに出かけたのは、ちょうど五十年前のことである。父は「ヴォルスンガ・

サガ」の翻訳をしながら、その物語を娘たちに語って聞かせた。父の話はあまりにも衝撃的で、小さかったメイの中で「サガ」の世界がいつの間にか現実のものとなっていた。

「ケルムスコット・マナー」には、ドラゴンの形に刈り取られた垣根があったのだが、メイの目には、そこに「ファフニール（ドラゴンに変身する小人）」がいた。屋根に登って大人たちをヒヤリとさせた時も、切妻屋根を颯爽と（と本人は思っていただけだが）登っていく自分は、まさに『グレティルのサガ』の物語りに登場する恐ろしい化け物「グラム」だった。メイにとってのアイスランドは、未知の国でありながらも、驚くほど現実的になっていた。十代半ばになってイタリアに連れて行ってもらった時も、目の前にあるその美しい国よりも、「アイスランドにいた方がよっぽどいい」と言ったほど、その存在はますます大きくなっていた。

メイは『ウィリアム・モリス著作集』を編集し終えると、それまで以上に父を身近に感じるようになっていた。しかし、アイスランドを知らずして、本当に父のことを理解したといえるだろうか。アイスランドはモリスの脳に刺激を与え、その後の創作活動と政治活動に大きな影響を及ぼしたのは確かであった。

父が遺した日記によれば、アイスランドの人々は「ユーモアがあり、生活は乏しくも満たされていた」。メイはそれがどのようなものか、また、旅慣れない父にとって、長い船旅とポニーの背にゆられながらの移動がどんなものであったか、身を以て知りたいと思った。父が見た「アルメリアやシラタマソウの絨毯」を自分の目で見てみたかった。子供の頃に可愛がったポニー「マウス」の故郷にも行ってみたかった。

実はメイは、十年前からアイスランド旅行を考え始めていたのだが、戦争が勃発したために計画が保留となっていたのである。行くならば今しかない。この時すでに七十歳近かったメイは「アイスランドの砂漠を乗馬して旅をするような歳ではありませんが、それでもとてもワクワクします」と胸の内を語った。

一九二四年六月十八日、それまではただ想像の国であったアイスランドが、いよいよ目前にせまっていた。

メイとメアリー・ロブ
(©William Morris Gallery, London Borough of Waltham Forest,1923)

第46章　父の軌跡を追って

一八七一年七月九日。モリスは、スコットランドの首都エジンバラに近いグラントン湾にいた。そこから蒸気機関船ダイアナ号に乗り、フェロー島を経由して、アイスランド東の港街デューピボーグルに寄港してから首都レイキャビクへ向かったのである。それは四日間の船旅だった。

今考えてもワクワクするが、十九世紀では決して並大抵の旅ではなかったはずである。レイキャビクに到着したモリスたちは、ポニーに乗って黒い砂漠を移動したが、北西に続くフィヨルドを通る時は特に苦戦した。そしてスナイフェルス半島をまわり、神秘的なゲイシールの間欠泉を周遊した。

あれから五十年が経ち、メイは、父が通ったその道をメアリー・ロブと一緒にたどろうとしていた。

「向こうから二人の外国人が馬に乗ってやってきました。当時はすでに多くのイギリス人がこのミステリアスな島を訪れていましたが、この辺りにはホテルなどなく、旅行者は大抵の場合、こうして牧師館をたよってやって来たのです。だからこのような光景は決して珍しくありませんでした。

驚いたのは、それが二人の女性だったことです。それまでやってきたのは男性の旅行者ばかりで、そのようなことは初めてでした」

当時幼かったヨーンスドッティル牧師の娘グードルンは、メイとメアリー・ロブが牧師館を訪れた時のことをこう振り返った。

「二人はこの世で最も真逆に思えました。一人は小柄の白髪混じりで、物静かでした。大声で笑うことはなく、いつも優しく微笑んでいました。よく座って草花の水彩画を描いていました。もう一人の女性は大柄で丸々としていて、カールした黒髪がぽっちゃりとした顔を包んでいました。そして話し声も笑い声も豪快でした」

牧師一家に暖かく出迎えられたメイとメアリー・ロブは、数日間ほど牧師館に滞在すると、首都レイキャビクへと向かっていった。

メイのこのアイスランド旅行には、大きく分けて二つの意味があった。一つは神話が誕生した場所を巡礼すること。そしてもう一つは、一八七一年に初めてアイスランドを旅した父の軌跡を追うことであった。

モリスは決して、アイスランドを探検した初めてのイギリス人ではなかった。十八世紀には博物学者ジョセフ・バンクスが科学的な探検として初めて旅しているし、また十九世紀には医師ヘンリー・ホーランドや植物学者ウィリアム・フッカーなどがアイスランドに渡っている。しかしモリスこそが、アイスランドに最も偉大な影響を与え、両国の友好に大きく貢献した著名人であったことに間違いはなかっただろう。

メイはそれを痛感していた。というのも「モリスの娘がアイスランドにやってくる」という噂を聞きつけて、支援を申し出る人が後をたたなかったのである。メイは、地元の人々に大歓迎されただけでなく、新聞でも大きく取り上げられた。それも明らかにモリスの功績によるものである。

さて、氷河と活発な火山に囲まれるアイスランドは、まさに氷と火の地である。夏には真夜中でも太陽が現れ、冬には太陽が全く出ない日もある。真っ黒な溶岩や灰色の湿地帯が果てしなく続く荒野や、グズルーンの「グズルナルロイグ」、グレティルに由来する「グレッティスロイグの地熱温泉」、そして千年前から変わらない「草屋根の家」。アイスランドという島では、どこへ行っても「エッダ」や「サガ」の物語があった。

そのような国であるから、父が旅をした五十年前からも何も変わりはなかったが、一つだけ変わったことがあるとすれば、それは自動車の普及である。

「シンクヴァトラヴァトン湖」で最初のガイドを務めたアイスランド人は、得意げになって自動車を提供してくれた。しかしメイにとって旅とは、「次の景色が現れる前に期待を膨らませ、心の準備が十分にできるように、長い時間をかけてゆっくりとするもの」である。だから車で移動した四十分は「最も無意味なもの」だった。メイの頭にはもう、父と同じように馬の背中にまたがって旅をすることしかなかった。アイスランドの馬は、沼地であろうが岩地であろうが、たとえ小さな滝であっても、騎手を安全に移動させてくれる強い味方であった。狭谷でさえ軽くジャンプすることができるのだから、自動車などよりも遥かに信用できる旅の共なのである。

それに、アイスランドの馬たちは何よりも、モリスが娘たちに持ち帰ったポニーのマウスを思い出させてくれた。マウスは家族に可愛がられたが、メイには、生まれ育った故郷と、そこにいた仲間たちと離れ離れになってしまったマウスが寂しがっているのではないかと思えて仕方がなかった。

確かに、当時アイスランドから輸入された馬たちのほとんどが、鉱山の暗い地下で働かされていたことを考えると、マウスは幸せだっただろう。それでもマウスは、いつも野原の端っこに佇み、馬車が行き来するたびにその仲間に加わろうとしていた。その姿はまるで、アイスランドの大自然で仲間たちと走り回っていた頃のことを思い出しているかのようだった。

メイはそのようなマウスの姿に心を痛めた。だからこそ、ようやくやって来ることのできたアイスランドでは、マウスのような馬と共に旅がしたかったのであろう。

アイスランドでのメイは、馬に乗って移動している以外は、景色や野花のスケッチをしていることが多かった。この国の夜は透き通っていて、本が読めるほど明るい。そして旅の終わりが近づくと、アイスランドが愛おしくてたまらなくなっていた。

レイキャビクでは、旅行中に知り合った人たちがお別れ会をしてくれた。メイには手作りの美しい木箱が贈られた。そこには、アイスランドの紋章であるドラゴンや、雄牛、グリフォン（鷲）、霜の巨人、そして「モリスの娘／海を渡ったアイスランドへの旅」という文字が彫られていた。

実はメイとメアリー・ロブは、一九二六年と一九三一年と再三アイスランドを訪れている。そしてその度にヨーンスドッティルの牧師館を訪れ、イギリスに戻れば、娘グードルンのために本や水彩絵の具、スケッチ用具などを詰め込んだ箱を送った。

グードルンは大喜びで、本が包んであった包装紙でさえ大切にした。イギリスがどういう国か知らなかった彼女にとって、メイはまるで、おとぎの国からやってきたゴッドマザーのように思えただろう。

一九三一年九月三日、いよいよ三度目のアイスランド旅行も終わりの時がやってきた。メイたちは最終日「ヴェストマン諸島」に留まり、そこから南部の山々を眺めていた。「ディルホゥラエイの断崖岬」の向こう側には、雪帽子をかぶった「バトナ氷河」があった。

この時、メイの中で全てが明らかになった。父が語ったアイスランドも、「サガ」の物語も、モリスがこの地に求めていたことも、ようやくわかった気がした。アイスランドという国は、圧倒的に美しく、圧倒的にもの悲しかった。

第十四部　晩年

第47章　メモリアル・ホール

「ケルムスコットの村には、父の追悼碑となるようなものがいつか必ず建てられるでしょう。しかしそれであれば、父のことを知る私たちが生きている間に建てられるべきだと思うのです。戦前、小さな集会場を母と企画したことがあり、ギムソン氏による美しいスケッチも手元に残っています。それをぜひ父を追悼するメモリアルとして建てたいのです」

メイはシドニー・コッカレルに手紙をしたためた。アイスランドから帰ってきた彼女は、集会場を建てる時がいよいよやってきたと確信していた。戦争も終わったのだから、もう障害はないはずである。

実は一九三〇年、メイはアイスランドの国王（デンマーク王）クリスチャン十世から「ファルコン勲章」を受章していた。勲章が外国人に与えられることはまだ稀で、特に女性の例はほとんど皆無であった。メイにはそれがどういう意味がわかっていた。アイスランドを旅するうちに、父の偉大さをますます感じるようになっていた。勲章はメイが受け取ったかもしれないが、モリスの功績を称えたものであることも間違いなかった。
しかし、モリスが遺した商会は低迷していた。一九〇五年には「モリス商会デコレーターズ社」となり、一九二五年に再び組織変更されて「モリス商会アートワーカーズ社」となると、ほとんどの商品が外部で製作されるようになっていたのである。それは、手工芸にこだわったモリスの意志に反するものであった。メイは商会の変貌を嘆いた。

「今のモリス商会の姿をみると全く失望するばかりです。このままではモリス商会は、ありふれた店の一つになってしまいます。ホワイトリーやケンジントンのバーカー、それにあのピーター・ジョーンズという百貨店のように！　せめて社名の威厳を守るべきです」

創立者のいなくなった商会がある程度変化をしてしまうのは、メイにも致し方ないとわかっていただろう。それでも、父の根本的な信条に反する商会の姿を見るのは辛かった。商会の名称が変わるたびに、父の存在が消え去っていくようにすら感じた。モリスの功績を知る人々が生きている間にメモリアルを作らなければいけない。メイが焦ったのはごく自然なことだった。

問題はそのための資金である。娘二人で同等に負担するという考えが以前もあったのだが、長期に渡ってケアが必要となるジェニーに資金を出させるのは無理があると、顧問のウォーカーとコッカレルから反対されていた。

しかしメイの熱は冷めることがなかった。集会場を建てれば、コミュニティーの場として必ず愛されると信じていたのである。それに、構想案を描いたギムソンは、長い闘病生活の末、一九一九年に亡くなっていた。そんな彼のためにもなんとか形にしたかった。

それからのメイは資金調達に奔走した。村にはモリスの支援者が多くいたにも関わらず、集会場に強い関心を示してくれる人は少なかった。それでも理解を得られるように小冊子を製作し、友人や親戚などに配り続けた。メイはその小冊子にこう書いた。

「ウィリアム・モリスは、五百年眠り続けていたチョーサーの魔術をイギリス文学に取り戻した、偉大な詩人として知られています。しかしケルムスコットでは、モリスが他にも偉業を遂げたことを忘れません。かつてイギリス各地で継がれていた伝統工芸は、彼のおかげで再び蘇るかもしれないのです」

メイは、モリスの出身校「エクセター・カレッジ」をはじめ、全国を講演してまわった。ケルムスコットでは、若い村人を集めて野外劇「真夏の夜の夢」をプロデュースしたり、村祭りなどを計画した。

一方で、父が遺したままの状態にしておいた「ケルムスコット・マナー」を一般公開することも忘れなかった。そこでは、自ら刺繡をした「プチポワン」のテーブルマットを販売した。「社会主義同盟」でみせたファンドレイザーとしての手腕が、ここでも再び活かされていた。

集会場の建設がいよいよ現実的になったのは、資金調達活動を始めてから十五年も経ってからであった。地主のホッブスとメイによって、ようやく特別委員会が設けられたのである。

会長には「古建築物保護協会」のメンバーである建築家フェラーズ伯爵を迎え、ギムソンの兄シドニーも、弟の伝説を残したいと委員会に加わった。ギムソンのスケッチをもとに設計を引き継いだのは、建築家ノーマン・ジョンソンであった。ジョンソンは昔、ギムソンの助手を務めていたこともあり、後任者として適任に思えた。

また資金調達には、政治家のデビッド・ロイド・ジョージや、スタンリー・ボールドウィン、詩人のジョン・メイスフィールドや、イェイツなども関わった。土地はファーリンドン卿が寄付をして、全資金の半分はメイとジェニーが出資した。

こうしてモリス生誕百周年を迎えた一九三四年、ようやく集会場が完成した。それは「ケルムスコット・マナー」や「マナー・コテージ」のように素朴で、コッツウォルズの景色に自然ととけ込んだ。生前のモリスを知る者たちは、彼が生きていれば、自分で建てたいと思うような建物になっただろうと絶賛した。

集会場はその後「メモリアル・ホール」と命名され、一九三四年十月二十日の土曜日に開館式が行われた。

式を計画したメイは、昔馴染みのショーに式辞を依頼した。当時にはショーも著名人となっており、ホール内は、有名なパフォーマーを一目見ようと集まった人でごった返した。入りきれなかった人たちもいたが、彼らは必死になって窓から中を覗き込んでいた。ショーはモリスのことを、『もっと分別のある時代』であれば、モリスは『オックスフォードの聖ウィリアム』になり得ただろう」と讃辞を述べた。そして「見よや十字架の」という讃美歌を合唱した。

するど突然ホール内がざわめいた。人をかきわけながらホールに入ってきたのは、当時の首相、ラムゼイ・マクドナルドであった。実はメイは、マクドナルド首相を招待していたのだが、丁重に断られていたのである。そのため、彼が来るとはメイすらも予想していなかったのである。

驚いた人々が歓声をあげると、首相は「自分がスポットライトを当たるためではなく、純粋にモリスという人物を讃えるために来ました」とその場をたしなめた。そして、「モリスの最大の業績は『美』というものを夢に変え、木や石を使う工芸にとらわれず、人生そのものに重点をおいた工芸というものに『美』を形成したことである」と賛美した。

マクドナルド首相は労働党の党首であったが、一九三一年に保守党と連立し、福利厚生や公務員の減給を公約に掲げた。故に多くの社会主義派に敵視されていたのだが、モリスに対する彼の言葉は印象的で、そこにいた全ての人の心を揺さぶった。

「このホールは、まさにモリスが望む理想の建物である。地元にあるというだけでなく、その中心的な存在となり、そして世界的な巡礼地となるだろう。今日この日、ここに来て、モリスの魂を感じることができて嬉しく思う」と締めくくると、観客から割れんばかりの喝采が起きた。

モリスは、没後も人々から尊敬され、愛されていた。募金活動の中でそれを確信したメイは、どんなに幸せだっただろうか。「メモリアル・ホール」はマクドナルド首相の言葉通り、モリスの巡礼地となり、今でも世界中から人々を呼び寄せている。

第48章　晩年

「ウィリアム・モリス生誕百周年」は、新たなモダニズムの時代に直面した。モリスの思想やブランドが時代遅れとも思われたのである。

母もロセッティも、バーン＝ジョーンズも、もういない。モリスのイメージや、芸術家としての名声を伝え続けられるのは、もはやメイしかいなかった。メイは、父の遺産を守るために残りの人生を費やす覚悟をしていた。

ある日、オックスフォードの書店経営者、バジル・ブラックウェルがメイに連絡をしてきた。モリス生誕百周年を記念して、未発表の作品や手紙などをまとめて書籍にしたいという。

しかし彼は、すぐに自分の考えが甘かったと知らされるはめになった。というのも、メイから渡された資料は、圧倒してしまうほど膨大な量だったのである。それは、いたずら書きのようなただの紙切れから、未発表の詩、古建築保存に関する書類まであった。そこでブラックウェルは、その中から「モダニズムの時代に適切な」一部だけを選ぶことを提案した。

ところが中途半端を嫌うメイのことである。何よりも、芸術家で社会主義者であった父に関して、妙な誤解をされてしまうことが許せなかった。ブラックウェルとのやり取りで神経を減らしていったメイの姿をみていたメアリー・ロブは、打ち合わせから帰ろうとするブラックウェルに対し、面と向かってこう言った。

「貴方はメイをどれほど心配させているのかわからないのですか。全素材を使うと約束してください。あんなひどく退屈なウィリアム・モリスのことはどうでもいいですが、メイを心配させることだけは許せません」

結果的に一冊には収まり切らず、全二巻となったが、全作品を編集して『ウィリアム・モリス美術家、作家、社会主義者』が完成した。第一巻では、美術家や文芸家としてのモリスによる未発表の手紙や作品をまとめ、第二巻では政治活動に焦点をおいた。メイは、セクト主義系の雑誌などから葬られていたモリスの記事やスピーチなどをまとめ、「フェビアン協会」の真髄である、十九世紀の労働党による運動の歴史を長々と説明した。

またメイは、当時「ヴィクトリア&アルバート博物館」のディレクターであったセシル・ハーコート＝スミスと協力し、モリスだけに捧げる「モリスの部屋」という展示を企画した。モリス生誕百周年に先立った一九二四年のことで、常設ではなかったが、十年後に同じ博物館で企画された実際の「モリス生誕百周年展」では、この時の経験が大いに活かされた。

これらの展示でメイが証明したのは、キュレーターとしての能力だけでなく、人生の最後の最後まで、父の名声のために精力的に活動していたことである。


一九三五年七月十一日、メイの元に悲報が届いた。ジェニーがサマーセット州のオーバー・ストーウィで息を引き取ったという。享年七十四歳であった。

ジェニーはてんかんが発症する前は、どこへいくにも父のように古建築に興味を示し、誰よりも多くの本を読んでいた。家族も友人も、そのようなジェニーに期待を抱いていた。ちょうど女性教育に対する発達の兆しが見えてきた時代で、その代表的な存在になりうる女性だった。

晩年のジェニーは「ケルムスコット・マナー」を訪れたこともあったが、その度に父を探して庭をさまよった。その姿は痛々しかった。ジェニーにとってモリスは、父というだけでなかった。特に晩年は、父と二人で過ごす時間が誰よりも多く、外界と自分を結んでくれる唯一の存在でもあったのである。

この年は、メイにとって特に辛いものとなってしまった。ケルムスコットの教員、ハントリー先生までも亡くしてしまったのである。立て続けに葬儀に出席する気になれなかったメイは、「ケルムスコット・マナー」の庭から赤と白の小さなダリアを摘んで、ハントリー先生のためにリースを作った。この時すでに七十歳を越えていたメイは、穏やかで優しい目をしていた。

さて、ウェスト・ミッドランズのウルヴァーハンプトンにある「ウィティック・マナー」は、「スタンデン」と並び、国内でも希少な「アーツ＆クラフツ」の邸宅である。チューダー風の建築はエドワード・ウルドによる設計で「アーツ＆クラフツ」とは無関係であるが、室内は「モリス商会」によるインテリア商品で満たされており、「ラファエル前派」による絵画や家具においては国内最大級のコレクションを誇る。

マナーの家主であるジェフリー・マンダーは、特に文化財の保護に熱心であった。「レッド・ハウス」を買い取って一般公開することすら考えたほどである。妻のロザリーもまた、後に「ラファエル前派」専門の伝記作家になってしまうほど「アーツ＆クラフツ」に偉大な関心を寄せていた。この時代、ヴィクトリア朝の絵画は流行遅れとされていたが、二人とも、その流れに逆らうように自分の意志を貫き、「ラファエル前派」の末裔との付き合いを広げていた。メイもその一人であった。

一九三七年六月二十日。メイは、その「ウィティック・マナー」に向かっていた。ケルムスコットの庭にはまだ、バラやホーンポピーが咲いていた。夏至が過ぎてしまえば、それからは日がどんどん短くなっていってしまう。この美しい季節を満喫しておきたかった。メイの傍らにはメアリー・ロブがいた。気の合わない人との旅は苦痛だと言っていたメイのはずだが、メアリー・ロブとはブリテン島各地を旅し、アイスランドには三回も行っている。このことからも、二人がいかに特別な関係だったかわかるだろう。

なにしろ、初恋のショーからは裏切られ、スパーリングとの結婚もうまくいかなかったメイは、この世に神秘的な結婚などないと思っていたのである。ニューヨークで出会ったクインとも恋愛関係は築けなかった。その度にメイの心は傷を負ってきた。

その彼女が、ようやく一緒にいて幸せに思える人に出会えたのである。それが女性であろうが男性であろうが関係がなかった。メイにとっては、「ケルムスコット・マナー」でメアリー・ロブと過ごした二十年が最も幸せな時代であった。

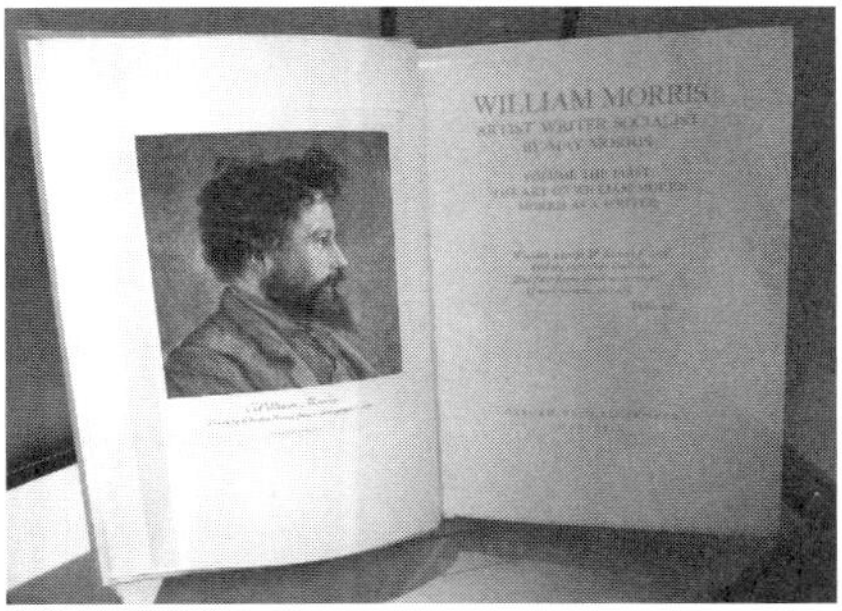

『ウィリアム・モリス美術家、作家、社会主義者』
（ウィリアム・モリス協会所蔵）

第49章　遺された偉業

一九三八年の十月十七日、メイは短い闘病生活を経て、「ケルムスコット・マナー」にて息を引き取った。父の命日からちょうど四十二年後であった。

実はメイは亡くなる直前、「ウィティック・マナー」のマンダー夫妻から、ベッドのためのカーテンを相談されていた。夫妻は「ケルムスコット・マナー」のようなカーテンを期待していたようであるが、メイにはどうしてもイメージがわかなかった。というのも、中世的で重厚な作りであるモリスのベッドに対して、マンダー夫妻のそれは、ヘップルホワイト製のエレガントで華奢な家具だったのである。さらにそれは、「アガパンサス」の壁紙で装飾された豪華な寝室に置かれていた。ケルムスコットのために制作したカーテンでは、どうしても不適切だとしか思えなかったメイは、悩んだ挙句、リネン布にシルクで質素な刺繡「ガーデン・ピース」を制作した。

この「ガーデン・ピース」は、メイによる最後の作品だといわれる。とにかく見ていて穏やかな気持ちにさせてくれる作品であり、七十六歳という年齢の落ち着きがそのまま表れているようにも思える。メイは最後の最後まで、それまでと同じように素晴らしい刺繡技術を見せつけていた。

メイの柩を乗せた荷馬車は、イギリス産の馬《シャイヤー》に引かれ、両親と姉が眠る教会に向かった。村人たちはみな、列をなして見送った。彼女がどれほどケルムスコットに貢献したか、誰もが知っていたのである。ある人はメイのことをこう言った。

「家庭的で素敵な女性でした。彼女といると、自然と心が休まったのです」

若い頃からモリスのサポート役であったメイは、モリスが亡くなってからも父の遺産を守るため、最後の最後まで走り続けていた。新聞は、メイによる刺繍やジュエリー作品を取り上げて彼女の人生を讃えた。

メイは晩年、心配していたことが二つあった。一つは「ケルムスコット・マナー」の行く末である。父の愛したあの家を、どうしてもそのままの姿で残さなくてはならない。それは「モリスの聖堂」として守るというだけでなく、古建築の保存活動に力を注いでいた父の信念を引き継ぐことでもあった。

そこで遺言状を作り、「ケルムスコット・マナー」をオックスフォード大学に遺すと書いた。それには「最先端の技術を使って現代的に修理をしない」という条件付きであったが、教育というものに関心の強かったメイだからこそ、教員や学生が静養所として使ってくれることを願ったのだろう。

もう一つの心配は、メアリー・ロブのことであった。そのため、たとえ自分がいなくなったとしても、メアリー・ロブが引き続き「ケルムスコット・マナー」に住めるように条件を加えた。メアリー・ロブに対しては、個人的な所持品や、ジュエリー、刺繡作品など、家族よりもはるかに多い遺産を遺したのだが、しかし本人にしてみれば、どんな装飾品よりも何よりも「ケルムスコット・マナー」に住む権利の方がはるかに重要であった。

その背景には、メアリー・ロブが同性愛者だという噂が流れていたことにある。「ケルムスコット・マナー」で、メイと寝室を共にしていたことも原因だった。当時は、作家のオスカー・ワイルドや、学者のアラン・チューリングのような奇才が、同性愛者ということで投獄されていた時代である。女性でも、ヴィタ・サックヴィル＝ウェストや、ラドクリフ・ホールなどの例も表立ってきていた。女性は男性と違って法的なお咎めはなかったが、当時の女性は、結婚して子供をもうけることが当然とされており、それを拒んだ場合は異常者だとみなされて、特別施設に入れさせられる危険性があった。

メアリー・ロブは、ベッドの横に常に拳銃を用意していたという。今考えればそれは、万が一のときに身を守るためだったのかもしれない。そして、そのような彼女が常に傍にいることで、メイは安心感を得ていたのではないだろうか。

しかしメイが亡くなり、一人残されたメアリー・ロブは、常に恐怖に怯えていたようであった。居住権があるとはいえ、いつ誰かが乗り込んで来て自分を放り出すかわからなかった。女主人のいなくなった「ケルムスコット・マナー」は、まるで氷のように冷たく感じられた。なにしろ出会ってから二十年間、ずっと変わらずメイに献身的だったのである。そのメイがいなければ、生きていく理由はもうない。

そして、メイが亡くなってからたった五ヶ月後のこと。まるでつがいをなくして失望した白鳥のように、メアリー・ロブもひっそりと息をひきとった。傍にはいつもの拳銃と、好物のブランデーが残されていた。

「ケルムスコット・マナー」には、モリスやメイが遺した素晴らしい芸術品の数々がひっそりと残された。写本など、モリスの遺品は遺言状に基づいて「ヴィクトリア&アルバート博物館」や「アシュモレアン博物館」、そして「大英図書館」などに寄贈されたが、残りの遺品は全て競売にかけられることとなった。一九三九年七月、第二次世界大戦が勃発するわずか二ヶ月前のことであった。

この日は誰にとっても感情的な一日となってしまった。競売品の中には、亜鉛メッキの鶏舎や、丸太用バスケット、キッチン時計のような価値のないものから、高価なシルク製の衣類まであった。金糸の刺繡がほどこされたジェーンのスカートや、メイによって刺繡された緑色のドレス、そして、ブロケードなどの紋織物、キルトなどの刺繡作品、モリスが自ら染色した羊毛などもあった。

当日は、メアリー・スローンや、リサ・スティルマンなどの友人もかけつけた。「ウィティック・マナー」のマンダー夫妻は、特に多くの刺繡作品を購入した。「ウィティック・マナー」が国内最大のコレクションを抱える貴重な邸宅となったのは、この競売のおかげでもあった。

メイは、十九世紀後期から二十世紀初期にかけて、並外れた才能を持ち、理想的な女性芸術家であった。父「ウィリアム・モリス」と、彼を取り巻くカルト的人気がその才能を陰に追いやってしまわなければ、もっと注目されてきたはずである。実際、デザインはできたが刺繡のできない父と、逆に刺繡はできたがデザインのできない母に比べ、メイはその両方に長けていた。

「彼女の色使いは、他には真似のできない独特のものであったが、その良さを本当に理解して認める人は少なかった」

メイが亡くなった時、メアリー・ロブはこう言った。噂がどうであれ、彼女がメイの良き理解者であったことには変わりがない。メイの才能が、二十一世紀になってようやく明らかになってきているのは、メイの価値を後に残そうと精一杯の努力をしたメアリー・ロブのおかげでもあるだろう。

ショーは自著『私の知るウィリアム・モリス（William Morris as I Knew Him）』を世に出したとき、その序章の中で、メイとの間に「神秘的な婚約」があったことを公に認めた。

その時のメイは、言いたいように言わせておけばいいくらいにしか思っていなかったが、あれほど態度のはっきりとしなかったショーは、結局は最後の最後まで、メイと一緒になるという思いに縛られていたようである。

そのようなショーに対してメイは、こう切り返した。

「私は普通の女ではありません。昔からそうでした。誰もそう思ってはいなさそうですが」

意思が強く、情熱的であった彼女の作品が残る限り、その偉業はこれからも語り継がれていくだろう。

エピローグ

メアリー・ロブは、今でも謎の多い女性である。生前、メイから遺されたジュエリーをなぜかカーディフの国立博物館に寄付し、また、亡くなるたった八日前に遺言状を残している。遺言状には、アイスランドの記事や、メイから譲り受けた他のもの全てをエクセター市の博物館に寄贈すること、そしてスクラップブックはウェールズ国立図書館に寄贈することとあった。

そこには、自身の葬儀に対する指示も記載されていた。農家で働き、男に負けず劣らずトラクターを操っていたメアリー・ロブが望んだ葬儀は、「荒くても頑丈な長方形の箱を棺の代わりにして遺体を入れること。霊柩車の代わりにトラクターを使うこと。火葬は非公開にして、灰は故郷コーンウォルの荒野（ボスポーテニス荒野が好ましい）に散骨すること。宗教的な葬儀はしない。献花も喪もなし」だった。

一九三九年七月、第二次世界大戦が勃発するわずか二ヶ月前のこと。そのメアリー・ロブが亡くなってから閑散としていた「ケルムスコット・マナー」にて、残りの遺品に対する競売が行われた。遺品の中には、亜鉛メッキの鶏舎や、丸太用バスケット、キッチン時計のような価値のないものから、金糸の刺繍がほどこされたジェーンのスカートや、メイによって刺繍された緑色のドレスなど、希少で美しいシルクの服飾にまであった。

当日、メアリー・スローンやリサ・スティルマンなど、モリス家と親しくしていた友人やクライアントがかけつけたが、特に多くの刺繍作品を購入したのは、マンダー夫妻である。「ウィティック・マナー」が最大のコレクションを抱える貴重な邸宅となったのは、この競売のお陰でもあった。この日にやってきた誰もが、身を切るような思いで競売を見つめていただろう。

それから三十年以上経った一九七二年。ハマースミスの旧モリス邸「ケルムスコット・ハウス」に住んでいたステファンソン夫人が亡くなった。一九二六年に「ケルムスコット・ハウス」を購入したステファンソン夫妻は、熱狂的なモリスファンで、モリス作品を積極的にコレクションしていただけでなく、メイとも親しくしていた。

当時のハマースミスはまだ、相変わらずのスラム街だったが、再開発政策が進められるようになった一九三六年頃から、街の景観は急激に変わっていった。「ケルムスコット・ハウス」も、一九六〇年になると歴史的建築物（二級指定建造物）として正式に登録され、以来ステファンソン夫人も自邸を一般解放したり、ウィリアム・モリス協会に積極的に関わるようになっていた。

しかしその十年後、ステファンソン夫人は、「ケルムスコット・ハウス」をウィリアム・モリス協会に寄贈した。自身が「ケルムスコット・ハウス」に住み続けられること、そして、コーチハウスを賃貸できることを条件に提示していたが、この時、モリス商会の多くの作品が協会の手に渡ったのである。

実はその中に、モリス商会による「ハニーサックル」のデザイン画が混ざっていた。デザイン画の裏には「モリス氏殿」という宛名とメートン・アビーの住所が書かれてあった。

専門家はこれに注目した。メイは、自らまとめたモリスの伝記『ウィリアム・モリス：美術家、作家、社会主義』の中で、モリスによる壁紙から四十のデザインを抜粋したリストを掲載しているのだが、その中にハニーサックルが入っていなかったのである。このような事実から、「ハニーサックル」はメイによるデザインだとほぼ断言された。

「ケルムスコット・ハウス」には現在一般人が住んでいるが、ウィリアム・モリス協会はその地下に本部を構えている。協会は、モリス作品の展示を頻繁に展示するなど、ウィリアム・モリスと家族、商会による作品と偉業を広めるめに、惜しみない研究と努力を積極的に続けており、年間三千人以上の人が訪れる。

一方の「ケルムスコット・マナー」にも、毎年二万人以上の人が訪れているという。ケルムスコットの村は、五十年以上たった今でもあまり変わりない。モリスたちが眠る教会も春先になれば、スノードロップや水仙で鮮やかになる。モリスとメイにインスピレーションを与えた環境は、今でも変わらず生気あふれ、次世代に創作力を与え続けている。

あとがき

「メイ・モリス」の執筆にあたりまして、各方面の方々から多大な協力をしていただきました。春陽堂書店さまからは、メイ・モリスという女性に注目するよう促していただきました。長年辛抱強く助言してくださった林望先生からは、今回も最初から最後まで的確なアドバイスをいただきました。特にモリスの詩に関して、先生の奥深い和訳なしでは本作は成り立ちませんでした。

メルセッターのグロート夫妻は、突然の訪問にもかかわらず温かく出迎え、ハウスとガーデンを案内してくださいました。長年の夢であったオークニー諸島のホイを訪島できたのは、師匠である版画家チャールズ・シアラー氏とリチャード兄弟の心強いサポートのお陰です。

図版に関しまして、デラウェア大学に感謝しています。特に、モリスを知る最後の女性と知人であり、個人的にモリスやメイに関する写真や素描を多くコレクションしたマークさんからは、惜しみない協力をしていただきました。また、ウィリアム・モリス協会の会長イアンさんと、キュレーターのヘレンさんには、寛大な理解と協力をしていただきました。

最後になりますが、乱雑な文章を辛抱強く形にしてくださった書肆侃侃房の池田雪さん、兒﨑汐美さん、美しくデザインをしてくださったクルールの大村政之さん、書肆侃侃房の黒木留実さんに感謝申し上げます。

二〇二五年一月　イギリスの自宅にて

大澤麻衣

人物相関図

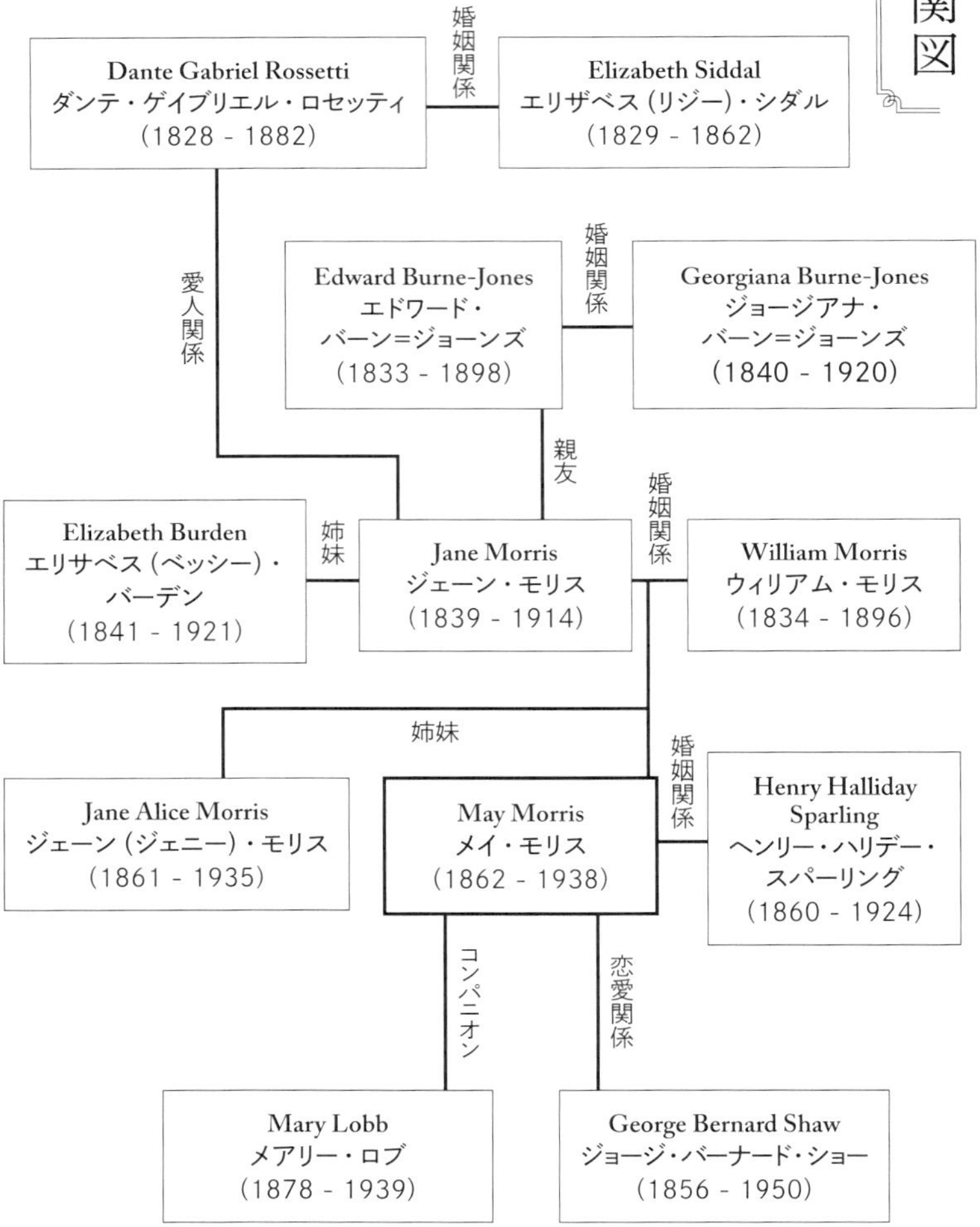

Dante Gabriel Rossetti
ダンテ・ゲイブリエル・ロセッティ
(1828 - 1882)
婚姻関係
Elizabeth Siddal
エリザベス(リジー)・シダル
(1829 - 1862)
愛人関係
Edward Burne-Jones
エドワード・
バーン=ジョーンズ
(1833 - 1898)
婚姻関係
Georgiana Burne-Jones
ジョージアナ・
バーン=ジョーンズ
(1840 - 1920)
親友
Elizabeth Burden
エリサベス(ベッシー)・
バーデン
(1841 - 1921)
姉妹
Jane Morris
ジェーン・モリス
(1839 - 1914)
婚姻関係
William Morris
ウィリアム・モリス
(1834 - 1896)
姉妹
Jane Alice Morris
ジェーン(ジェニー)・モリス
(1861 - 1935)
May Morris
メイ・モリス
(1862 - 1938)
婚姻関係
Henry Halliday Sparling
ヘンリー・ハリデー・
スパーリング
(1860 - 1924)
コンパニオン
恋愛関係
Mary Lobb
メアリー・ロブ
(1878 - 1939)
George Bernard Shaw
ジョージ・バーナード・ショー
(1856 - 1950)

ウィリアム・モリス　*William Morris*

1834年　ロンドン郊外ウォルサムストウ生まれ。デザイナー、詩人、芸術家、作家、社会主義運動家。アーツ＆クラフツの父と呼ばれ、ヴィクトリア朝とエドワード朝時代の文学界や美術界だけでなく、政治界においても多大な影響を与えた人物の一人。

裕福な中流階級の家庭出身で、聖職者になるためオックスフォードにて古典を学んでいたが、生涯の親友となるエドワード・バーン＝ジョーンズと出会い、ラファエル前派と交流するようになると、芸術家や詩人として才能を発揮するようになる。機械生産に頼る近代に対抗するようにインテリア装飾会社「モリス商会」を立ち上げ、伝統工芸再興に人生を捧げた。イギリスの自然をこよなく愛し、それらをモチーフにした彼のテキスタイルや壁紙は、世紀を超えた今でも人々に愛され続ける。

メイ・モリス　*May Morris*

1862年　ロンドン郊外ベックスリーヒース生まれ。ウィリアム・モリスとジェーン・バーデンの間に授かった二人娘のうちの末娘。刺繡家、デザイナー、彫金家、社会主義運動家、編集者。代表作はモリス商会の壁紙「ハニーサックル」のデザイン。

幼い頃から両親の元でデザインや刺繡に親しみ、23歳という若さでモリス商会の刺繡部門を任せられる。中世の技術を見習ったメイの作品は、刺繡というよりも絵画のようであり、刺繡に対するそれまでの概念を覆し、芸術と呼ばれるに値する刺繡作品の地位を確立させた。生涯において社会主義を支持、労働者や女性の権利のために行動を起こし続けた。脚本家ジョージ・バーナード・ショーとの恋愛、離婚を経験し、晩年は女性と同居するなど、ヴィクトリア朝時代の女性芸術家としては物議をかもしだす存在であったが、生涯において様々な方面で才能を発揮した。アーツ＆クラフツにおいて歴史的重要人物でありながらも、その偉業は20世紀に至るまで忘れられていた。

メイ・モリス略歴

年	出来事	主なメイの作品
1837年	**ヴィクトリア女王即位。時代はヴィクトリア朝へ**	
1851年	**世界初の万国博覧会がロンドンで開催**	
1855年	ウィリアム・モリス、バーン=ジョーンズと出会う	
1856年	モリス、ストリート建築事務所を辞めて画家へ転身	
1857年	モリス「オックスフォード・ユニオン」の壁画制作に携わりジェーン・バーデンと出会う	
1859年4月	モリスとジェーン結婚	
1860年6月	「レッド・ハウス」完成	
1861年1月17日	ジェニー誕生	
1861年4月	「モリス・マーシャル・フォークナー商会」設立	
1862年3月25日	メイ誕生	
1865年秋	モリス一家「レッドハウス」からロンドンの「クイーン・スクエア26番」に移住	
1870年	**「初等教育法」が施行。階級や性を問わず5~12歳までの子供全員が学校教育を受けられるようになった**	

1871年6月	モリス、オックスフォードの「ケルムスコット・マナー」を別荘として借用／モリス、アイスランドへ	
1873年1月	モリス一家、クイーン・スクエアからチズウィックへ移住	
1874～76年	「ノッティング・ヒル学校」通学	
1875年	「リバティ」創業／「モリス商会」誕生／ジェニーの癲癇発症	
1876年	**初等教育の義務化**	
1877年9月	コッツウォルズ地方の「ブロードウェイ・タワー」を訪れる	
1877～78年	イタリアを訪ねる	
1878年	モリス一家、ハマースミスの「ザ・リトリート（後にケルムスコット・ハウスに改名）」へ移住／モリスが社会主義宣言をする	
1878年	「ナショナル・アート・トレーニング・スクール（現ロイヤル・カレッジ・オブ・アート）」に入校	
1880年	**イギリスで「教育法」が可決。女性にも大学進学の権利が与えられた**	壁掛け「アカンサス　ベッドカバー」（刺繍）
1880年代	モリス商会「メートン・アビー製作所」を構える	パネル・衝立て「フラワーポット」（刺繍）
1881年	パリを訪れる	
1883年		壁紙「ハニーサックル」（デザイン）
1884年		壁紙「ホーン・ポピー」（デザイン）
1885年	三部作戯曲「アローン」で初めての演技を披露	壁紙「アルカディア」（デザイン）

1885〜96年	「モリス商会」の刺繍部門を統括	
1885〜86年	ジョージ・バーナード・ショーと恋愛関係に	
1880年代後半	社会主義同盟のための月刊誌「コモンウィール」にレポートを書く	
1886年2月8日	**トルファルガー・スクエア騒動**	
1886年	ヘンリック・イプセンの戯曲「人形の家」でリンデ夫人役を演じる	
1887年	社会主義の同胞ヘンリー・ハリデー・スパーリングと婚約 モリス作の戯曲「テーブルが裏返るか、ナプキンが目覚めるか」に出演	
1888〜1931年	「アーツ&クラフツ展覧会協会」にて作品展示	書籍表紙「Love Is Enough」（デザインと刺繍）
1890年代		「ブックバッグ」（デザインと刺繍）
1890年6月14日	ヘンリー・スパーリングと結婚／「ハマースミス・テラス8番」に移住	
1891年		壁掛け「ポーモーナ」（監修）
1893年		「装飾としてのニードルワーク」出版／ケルムスコット・マナーのベッド飾り（デザインと刺繍）
1894年	ヘンリー・スパーリングと別居	壁掛け「フルーツ・ガーデン」
1895年		パネル「ロータス」（デザイン）
1896年	モリス死去。メイは母ジェーンとエジプトへ	

1897年	エジプトから戻る	「オレンジ・ツリー」（デザインと刺繍）／マント（デザインと刺繍）
1897〜1910年	「セントラル・スクール・オブ・アーツ&クラフツ」で刺繍を教える	
1898年		一部構成の戯曲「レイディ・グリゼルダの夢」を出版／祭壇前飾り「スーパーフロンタル」（刺繍）
1899年	ヘンリー・スパーリングと正式に離婚。「古建築物保護協会（SPAB）」に入会	キルト「ホームステッドと森」（デザイン）
1901年	**ヴィクトリア女王崩御。エドワード7世が載冠し、時代はエドワーディアン朝へ**	
1902年7月	ケルムスコットの「メモリアル・コテージ」完成	
1902年8月	スコットランド、オークニー諸島の「メルセッター・ハウス」を訪れる	壁掛け「メルセッター」（デザインと刺繍）
1903年		一部構成の戯曲「罪のない嘘」出版／ジュエリー制作（ピンやハート形ペンダントなど）
1905年	「モリス商会」が売却され「モリス商会デコレーターズ社」となる	
1907年	「ウーマンズ・ギルド・オブ・アート」設立	
1909〜10年	北米ツアー	フリーズ「6月」（デザインと刺繍）
1910年	**エドワード7世崩御し、ジョージ5世が即位。時代は近代へ**	「ケルムスコットのベッドカバー」（デザイン）

1912年	「モリス商会」を去る
1910～15年	「ウィリアム・モリス著作集」編集
1913年	メアリー・アニー・スローンとマヨルカを訪れる
1913年12月	ジェーンが「ケルムスコット・マナー」を正式に買い取る
1914年1月26日	ジェーン・モリス死去／パリ展覧会開催
1914年	**第一次世界大戦勃発**
1915年	アーネスト・ギムソンにケルムスコット村のコテージとホールの設計を依頼
1916年	ロイヤル・アカデミーにて「アーツ&クラフツ展覧会協会」展覧会開催／ケルムスコットの村に「婦人会」を設立する
1917年	ランド・ガール、メアリー・フランシス・ヴィヴィアン・ロブと出会う
1918年2月	**「国民代表法」により30歳以上の女性一部が投票権を得る**
1918年11月	**30歳以上の女性全員が投票権を得る**
1918年11月11日	**ドイツの降伏により第一次世界大戦終焉**
1922年	**「財産権法」改定により結婚した女性にも夫と同じ財産所有の権利が与えられる**
1923年	「ハマースミス・テラス8番」を引き払い「ケルムスコット・マナー」に定住
1924年	アイスランドを初めて訪ねる
1924年	「ヴィクトリア&アルバート博物館」にて「モリスの部屋」展示

1925年	「モリス商会デコレーターズ社」から「モリス商会アートワーカーズ社」へ	
1926年	**「財産権法」改定により女性に財産所有の権利が与えられる／アイスランド二度目の訪問**	
1927〜33年	ケルムスコットの「メモリアル・ホール」建設のための献金活動開始	「テーブルマット・セット」（デザインと刺繍）
1928年	**21歳以上全ての国民に選挙権が与えられる**	
1930年	スコットランドのアウター・ヘブリーズ諸島をキャンプ旅行	
1931年	アイスランド最後の旅行へ	
1934年	モリス生誕100周年。ケルムスコットの「メモリアル・ホール」完成	
1935年7月11日	ジェニー死去	
1936年	「ウィリアム・モリス：芸術家、作家、社会主義者」全二巻出版	
1937年	メアリー・ロブと「ウィティック・マナー」を訪れる	
1938年10月17日	メイ死去	「ガーデン・ピース」（デザインと刺繍）
1939年3月	メアリー・ロブ死去	
1940年	サンダーソン社によるモリス商会の事業買収が始まる	
2003年	ウォーカー・グリーンバンク社がサンダーソン社を買収	
2011年	モリス・マーシャル・フォークナー商会創設150周年	

メイとモリスとアーツ&クラフツゆかりの地

スコットランド

1.メルセッター・ハウス

ウィリアム・レサビー設計のアーツ&クラフツ邸宅。ここでメイはミドルモア夫人と共に大作「メルセッターのカーテン」を完成させた

Melsetter House
Longhope, Stromness, Hoy KW16 3NZ

カンブリア地方

2.ナワース城

カンブリア地方にある起源は13世紀という古い城。ハワード家、第九代カーライル伯爵はラファエル前派のパトロンであった

Naworth Castle
Naworth, Brampton CA8 2HF

ミッドランド

3.ウィティック・マナー

19世紀後半、化学工業で成功したマンダー家がエドワード・オールドに設計を依頼して建てた邸宅。ラファエル前派による作品のコレクションとして国内一を誇る

Wightwick Manor (National Trust)
Midlands, WV6 8EE
+44(0)19 0276 1400

4.バーミンガム博物館 & 美術館

ラファエル前派の作品コレクションで有名で、特にバーン＝ジョーンズの作品数は世界一といわれる

Birmingham Museum and Art Gallery
Chamberlain Square, Birmingham, B3 3DH
www.birminghammuseums.org.uk

オックスフォード&コッツウォルズ

5.ブロードウェイ・タワー

タワーの立つブロードウェイ・ヒルの丘は300メートル強で、コッツウォルズ2番目の高さを誇る。1870年代にはモリスや友人たちの溜まり場となった

Broadway Tower
Middle Hill, Broadway WR12 7LB

6.ケルムスコット・マナー

モリスがこよなく愛し、メイの終の住処となった館

Kelmscott Manor
Kelmscott, Lechlade, Oxfordshire GL7 3HJ

イギリス全図

1 メルセッター・ハウス
スコットランド
グラスゴー
Glasgow
エディンバラ
Edinburgh
2 ナワース城
北アイルランド
アイルランド
リバプール
Liverpool
マンチェスター
Manchester
ウィティック・マナー
3
4
バーミンガム博物館
& 美術館
ブロードウェイ・タワー
5
オックスフォード
Oxford
ウェールズ
6
ケルムスコット
・マナー
ロンドン
London

13. エメリー・ウォーカーの家

結婚後メイはハマースミス・テラス8番に住んだ。モリスによる作品で装飾され、エングレービング作家エメリー・ウォーカーが住んでいた隣の7番は、現在博物館として一般公開されている

Emery Walker's House
7 Hammersmith Terrace, St Peters Cottage, London W6 9TS

14. ヴィクトリア&アルバート博物館

メイが足繁く通った博物館。中世の刺繍はもちろんのこと、メイによる貴重なジュエリーなど見ることができる

Victoria & Albert Museum
Cromwell Road, London SW7 2RL

ケント州

15. レッドハウス

フィリップ・ウェッブ設計。モリスが仲間と創りあげた「赤煉瓦の家」

Red House (National Trust)
Red House Lane, Bexleyheath, London, DA6 8JF

16. スタンデン・ハウス

フィリップ・ウェッブ設計。ビール夫人が刺繍に熱心だったこともあり、室内はモリスの商品で装飾され、完璧ともいえるアーツ&クラフツ邸宅

Standen House (National Trust)
West Hoathly Road, East Grinstead, West Sussex, RH19 4NE

7. アシュモリアン博物館

最も素晴らしいラファエル前派作品のコレクションを誇る博物館

Ashmolean Museum
Beaumont St, Oxford OX1 2PH

8. 聖マイケル教会

オックスフォードの街で最古といわれる教会。ここでモリスとジェーンが結婚式をあげた

St Michael at the North Gate
Cornmarket St, Oxford OX1 3EY

9. マンチェスター・カレッジ・チャペル

全ての窓がモリスとバーン=ジョーンズによるステンドグラスで圧巻。描かれる天使はメイがモデルとなっているといわれる

Manchester College Chapel
Mansfield Rd, Oxford OX1 3TD

10. オックスフォード・ユニオン旧図書館

ラファエル前派による壁画が残る

Oxford Union Old Library
Frewin Court, Oxford, OX1 3JB

ロンドン

11. ウィリアム・モリス・ギャラリー

1848年から1856年、十代のモリスが住んでいた家。現在はモリス博物館となって一般公開されている

William Morris Gallery, Walthamstow
Lloyd Park, Forest Rd, London E17 4PP

12. ウィリアム・モリス協会（ケルムスコット・ハウス内）

世界中どこからでも会員になることができ、会員になると年間ジャーナル2冊と雑誌3冊が送られてくる（詳細：https://williammorrissociety.org/）

オックスフォード
オックスフォード
大学
アシュモリアン
博物館
マンチェスター・
カレッジ・チャペル
聖マイケル教会
オックスフォード・ユニオン
旧図書館
キャッスル・ミル・ストリーム
オックスフォード駅
テムズ川
クライスト・
チャーチ・メドー

ロンドン&ケント州
ウィリアム・モリス・ギャラリー
バッキンガム宮殿
ヴィクトリア&アルバート博物館
大英博物館
ロンドン・
シティ空港
ウィリアム・モリス協会
(ケルムスコット・ハウス内)
ロンドン塔
テムズ川
ロンドン・
ヒースロー空港
エメリー・ウォーカーの家
ロンドン・
ガトウィック空港
スタンデン・ハウス

参考文献

William Morris by Iain Zaczek (Parragon Plus)

William Morris: A Life for Our Time by Fiona MacCarthy (Faber & Faber)

William Morris: His Life and Work by Stephen Coote (Smithmark Publishers)

William Morris Textiles by Linda Parry (V&A)

Highlights from the William Morris Society's Collection by William Morris Society

May Morris : Arts & Crafts Designer (Thames and Hudson Ltd)

May Morris : Art & Life New Perspectives - edited by Lynn Hulse (William Morris Gallery)

The Thames and Hudson Manual of textile printing by Joyce Storey (Thames & Hudson Ltd)

The Pre-Raphaelites by Christopher Wood

Pre-Raphaelite Masterpieces by Gordon Kerr (Flame Tree Pub)

Pre-Raphaelites Drawing & Watercolour (Ashmolean Museum Oxford)

The Art of the Pre-Raphaelites by Steven Adams (New Burlington Books)

Arts and Crafts Houses: By Philip Webb, William Lethaby and Edwin Lutyens: Volume 1 (Phaidon Press Ltd)

Arts & Crafts Churches by Alec Hamilton (Lund Humphries Publishers Ltd)

Arts & Crafts by Judith Miller (Mitchell Beazley)

The Arts and Crafts Movement in Britain by Mary Greensted (Shire Publications)

Miller's Arts & Crafts: Living with the Arts & Crafts Style by Judith Miller (Mitchell Beazley)

Jane and May Morris: A Biographical Story, 1839-1938 (Rivers Oram Press/Pandora List)

Decorative Needlework (Illustrated Edition) (Dodo Press)

History of Kelmscott House by Helen Elletson (William Morris Society)

The Victorian House Book by Robin Guild by Robin Guild, Vernon Gibberd (Rizzoli Intl Pubns)

The Victorian Home by Ralph Dutton (Bracken Books)

Victorian Architecture by Roger Dixon and Stefan Muthesius (Thames and Hudson)

Treasures from The National Trust by National Trust (Forwarded by Adrian Tinniswood)

National Trust Guide to Late Georgian and Victorian Britain by John Walton (George Philip The National Trust)

『評伝 ウィリアム・モリス』 蛭川久康（平凡社）

『アール・ヌーヴォーの世界 4　ビアズリーとロンドン』（学研出版）

大澤麻衣（おおさわ・まい）

日本大学芸術学部卒。デザイナー、アーティスト、版画家。イギリス南東部のスタジオにて、危険な薬剤を使わないノントクシック・エッチングの技術を研究しながら主に凹版画の教室を主催している。著書に『イギリスの小さな教会』（書肆侃侃房）がある。

ホームページ：mai-osawa-art.com
インスタグラム：@maiosawaart

メイ・モリス
父ウィリアム・モリスを支え、
ヴィクトリア朝を生きた女性芸術家

2025年3月25日　第1刷発行

著者　大澤麻衣
発行者　池田雪
発行所　株式会社 書肆侃侃房（しょしかんかんぼう）
〒810-0041 福岡市中央区大名2-8-18-501
TEL 092-735-2802　FAX 092-735-2792
http://www.kankanbou.com
info@kankanbou.com

編集　池田雪、兒﨑汐美
ブックデザイン　大村政之（クルール）
DTP　黒木留実
写真　大澤麻衣

印刷・製本　モリモト印刷株式会社

ISBN978-4-86385-664-6　C0095